KB272284

그네들이 사는 법

彼らの流儀
KARERA NO RYUGI by SAWAKI Kotaro

# 그네들이 사는 법

사와키 고타로 지음
김태광 옮김

차례

일러두기

·모든 각주는 옮긴이 주다.

·국내에 소개된 작품명은 번역된 제목을 따랐고, 국내에 소개되지 않은
작품명은 우리말로 옮겨 적고 원제를 병기했다.

「내추럴」

　어느 날 밤 대학교 4학년인 아들이 어머니를 보러 집으로 돌아왔다. 대학은 도쿄에 있고 집도 오타구 덴엔초후에 있지만 야구부에 들어간 아들은 합숙소에서 생활해 집에 가끔 왔다.

　집에 오더니 아들은 어머니에게 말했다.

　"이거 함께 볼래요?

　아들이 손에 든 것은 대여점에서 빌린 비디오였다. 제목은 「내추럴」, 야구 영화였다. 합숙소에서 지내는 아들이 집에 오는 일도 드물고 빌려온 비디오를 함께 보자고 하는 것도 전례 없는 일이었다. 아직 초저녁이지만 한때 일본의 프로야구계에서 슈퍼스타로 이름을 날린 아버지는 벌써 자고 있었다. 아버지는 현역 시절부터 별다른 일이 없으면 8시든 9시든 바로 자는 사람이었다. 어머니는 아들과 비디오를 보면서 이 애는 도대체 왜 이런 영화를 함께 보자고 말을 꺼낸 것일까 생각했다.

「내추럴」은 유대인 작가인 버나드 맬러머드의 소설을 영화화한 작품으로 로버트 레드퍼드가 주인공을 맡아 천재적인 타자를 연기했다. 젊은 시절 살인과 관련된 엽기적인 사건에 휘말려, 뛰어난 재능을 발휘하지 못한 주인공은 서른여섯 살이 되어 겨우 메이저리그에 진출한다. 계약한 곳은 과거 뉴욕 메츠를 연상시킬 정도의 만년 꼴찌 팀. 하지만 타자로서 간신히 정규 멤버의 자리를 얻은 주인공이 모든 기록을 갈아치울 것 같은 기세로 눈부신 활약을 펼치기 시작하자 다른 선수들도 거기에 영향을 받은 듯 사기가 살아나, 리그의 '민폐구단'은 예상외로 호조를 보인다. 주인공의 슬럼프로 팀도 일시 위기에 빠졌지만 그의 부활과 함께 다시 회복해 마침내 성적 1등으로 뛰어오른다. 하지만 마지막 3연전에서 한 시합이라도 이기면 우승을 거머쥘 찰나, 도박꾼이 준비한 약물의 함정에 빠져 주인공이 쓰러진다. 결국 팀은 3연패하고 결승전을 치르게 된다. 결승전 전날 주인공은 그의 과거를 샅샅이 조사한 도박꾼에게 승부 조작 제안을 받는다. 내일 시합에 빠지든지 아니면 출전해도 치지 말라는. 어느 쪽이든 이렇게만 해주면 과거를 폭로하지 않고 돈도 주겠다…. 그러나 주인공은 최종적으로 그 제의를 거절하고 결승전에 출전한다. 주인공은 외고집인 감독을 위해 어떻게 해서든 팀을 우승시키려고 했지만, 약물로 약해진 몸은 완전히 돌아오지 않아 허무하게 삼진을 거듭한다. 이윽고 2대0으로 리드당한 채 맞은 9회 말. 투 아웃 1, 3루의 장면에서 주인공은 네 번째 타석에 들어선다. 투 스트라이크 투 볼에서 제5구를 풀스윙하자 타구는 초대형 파울이 된다. 그 순간 날씨가 흐려지면서 천둥소리가 울리고 어린 시절 자기 손으로 직접 만들어 애용했던 배트가 딱 부러져 두 동강이 난다. 그러나 낙심한 주인공에게, 구단의 배트 보이가 배트 한 개를 건넨다. 그 배트 또한 주인공을 동경해온 그 소년이 남몰래 나무로 만들어둔 수제 배트였다.

제6구째, 주인공이 예리하게 배트를 휘두르자 정가운데 맞은 볼은 쭉쭉 뻗어 외야 관중석의 조명탑 전구에 부딪히는 대형 홈런이 된다. 불꽃처럼 흩날리는 유리 파편을 보면서 주인공은 천천히 베이스를 한 바퀴 돈다….

그러자 그때까지 말없이 보고 있던 아들이 툭 한마디 중얼거렸다.

"바로 이거지."

어머니는 아들의 말이 잘 이해되지 않았다. 도대체 '바로 이거지'가 무엇일까. 하지만 어머니는 굳이 그 의미를

「내추럴」

물으려고는 하지 않았다. 바로 졸업을 앞두고 있던 아들이 프로 입단을 정식으로 밝힌 것은 그로부터 얼마 지난 뒤였다. 어머니에게 그 선택은 뜻밖이었다. 프로의 길로 나아간다는 것은 과거 그 세계에서 슈퍼스타로 군림했던 아버지와 항상 비교되는 일이기도 했다. 아들은 그것을 피해 다른 길로 가겠거니 했다. 언제 마음을 결정했을까…. 생각하다 문득 요 며칠 전 밤에 있었던 일이 떠올랐다.

그래, 그랬구나. 아들은 「내추럴」을 보여주면서 슬며시 자신이 프로리그에 들어갈 계획이라는 사실을 어머니에게 알려주려고 했다. '바로 이거지'라는 중얼거림은 아마도 들어가려는 세계에 대한 찬탄과 두려움의 외침일 것이다. 이것이 그 애의 방식이었다…. 어머니는 또 이렇게도 생각했다. 프로세계에 입문하면 힘들지 않을까. 어머니라면 누구든 자식이 힘들어하는 모습 같은 것은 보고 싶지 않다. 하지만 이것은 야구 신의 뜻일지도 모른다. 지금까지 어머니는 야구의 세계에 더없이 가까운 곳에 있었지만, 야구를 즐긴 적은 없다. 당시 이미 슈퍼스타였던 남편과 결혼할 때는 팬으로부터의 협박조 전화와 편지에 시달렸다. 결혼하고 나서도 남편의 성적은 좋은 게 당연하고 나쁘면 바로 아내의 책임이 되는 쓰라린 나날이 계속됐다. 현역에서 은퇴해 가까스로 그 괴로움에서 벗어났다고 기뻐한 것도 잠시, 이번에는 감독의 아내로서 고통이 시작됐다. 이제까지 야구를 야구로서 즐긴 적이 한 번도 없었다. 역시 야구의 신이 너무 가엾다고 여겼음에 틀림없다. 한번쯤 야구를 야구로 즐기라고 아들을 프로세계로 이끈 것이 아닐까. 아들이 야구를 한다면 설사 아무리 마음이 조마조마해도 결국 어딘가에서 텔레비전을 보거나 라디오를 들으며 즐길 수 있을 거라고….

그로부터 2년이 지났다. 아버지와 마찬가지로 '3'이라는 등번호를 부여받은 아들은 어머니가 예상한 대로 악전고투를 계속하고 있다. 하지만 그날 밤, 「내추럴」을 함께 본 어머니는 언젠가 아들이 홈그라운드인 메이지 진구 야구장의 베이스를 천천히 돌면서 이렇게 중얼거릴 때가 올 거라고 믿고 있다.

'바로 이거지'라고.

「내추럴」

# 비야, 비야, 내려라, 내려라

"장마철에는 비가 많이 왔으면 좋겠어요?"

내가 묻자, 그가 대답했다.

"그야 물론이죠."

"잘 팔려서요?"

"아닙니다, 그건 별로 관계없어요. 물건을 만드는 데 두 달쯤 걸려서 아무리 비가 와도 제때 댈 수 없거든요."

"하지만 그래도 장마철에 비가 안 오면 곤란하지 않아요?"

"별 영향 없어요. 대기업과 달리 만드는 상품이 종류가 많지 않아서 시간이 지나면 그럭저럭 다 팔리니까요."

"그럼, 비가 오든 안 오든 어느 쪽이나 상관없네요."

"아니에요, 그래도 비가 오면 좋겠어요."

"어째서요?"

그는 말했다.

"사람들이 우산 쓴 풍경을 보는 걸 좋아하거든요."

머지않아 장마철이 온다. 오랫동안 줄곧 내리는 비는 도시에 사는 사람의 기분을 침울하게 한다. 하지만 그는 장마철에 비를 즐길 수 있는 특별한 도시인이라고 할 수 있을지 모른다.

그는 우산 장수다.

우산은 크게 원단과 우산살, 우산대, 손잡이로 이루어져 있다. 보통 우산 회사에는 어떤 모습의 우산을 만들지, 구체적으로 어떤 디자인으로 하고, 거기에 필요한 원단과 손잡이를 어떻게 조달할지, 제품을 어디에 어떻게 팔지 각각 업무별로 전문가가 있다. 하지만 그는 모든 작업을 스스로 해야 한다. 왜냐하면 그는 1인 사업자이기 때문이다. 물론 그도 처음부터 우산 장수였던 것은 아니다. 대학생 때만 해도 자신이 우산 장수가 될 거라고는 상상도 못 했다. 대학 시절 연상인 여자 친구와의 결혼을 염두에 둔 게 발단이었다. 대학을 중퇴하고 어디서 일할지 고민하던 참에 잠시 다녔던 영어학원의 강사가 취직자리를 소개해줬다. 작은 무역회사였는데 사장이 직접 적극적으로 오라고 권유하기도 해 과감히 입사했다. 입사하자마자 바로 우산을 미국으로 수출하는 업무를 담당했다. 1년 반 정도 지나 대만

지사 책임자가 사직해 그가 후임자로 발령이 났다. 잡화의 일본 수출이 담당 업무였는데 그중 가장 중요한 품목이 역시 우산이었다. 그런데 새로 우산 공장을 지어 그것이 점차 원활하게 가동되기 시작할 무렵, 다시 일본으로 발령됐다. 그 일로 그는 충격을 받았다. 중국어를 익혀 대만의 한 대학 야간부에 들어가 5년, 10년 후의 일을 생각하고 있었는데 인사 발령 하나로 모든 것이 틀어졌다. 일본에 돌아오고 그는 사직했다. 별생각 없이 지내던 중 자기 사업을 하는, 전 직장 회사 선배한테 연락이 왔다. 제안받은 대로 그 회사에 들어가니 거기 또한 우산을 취급하는 회사였다.

 어느 날 그는 지나가는 길에 있는 가게에 무턱대고 들어가, 자신이 기획한 우산을 설명했다. 그러자 의외로 호평을 받아 거래를 텄다. 하지만 얼마 후, 같은 상품을 도매로 저가에 넘기는 대기업의 공세에 밀려 다시 원점으로 돌아왔다. 그는 생각했다. 도대체 무엇을 하고 싶은가. 우산 판매는 우연이었다. 그래도 자신이 기획한 우산이 가게에서도 좋다고 인정받고 고객이 기뻐하며 쓰는 모습을 보았을 때는 이루 말할 수 없이 행복했다. 우산을 고리로 다른 사람과 연결돼 있다는 확실한 느낌이 있었다. 자신이 정말 만족할 수 있는 우산을 만들어, 다른 사람에게 그 우산을 쓰게 하는 것이 내가 해야 할 일이 아닐까…

그는 선배로부터 독립해 자신의 브랜드를 만들기로 했다. 브랜드명은 '사에라'로 정했다. 이브 몽탕의 노래 제목이기도 한 그 말에는 단순히 '여기저기'라는 의미뿐만 아니라 '내일은'이라는 뉘앙스가 있는 것처럼 느껴졌기 때문이다. 시행착오를 거듭하면서 가까스로 만족할 만한 우산을 만들 수는 있었지만, 유명 백화점이나 전문점이 아무런 실적도 없는 브랜드에 바로 자리를 내줄 정도로 호락호락하진 않았다. 어떻게 하면 좋을까 고민하고 있던 찰나, 긴자 프랭탕 백화점 우산 구매팀에서 전화가 왔다. "3만 개의 특별 주문을 받았는데 모든 도매상이 납기를 맞출 수 없다고 합니다. 어떻게 방법이 없을까요"라는 내용이었다. 그때 그는 기회가 왔음을 간파했다. 무조건 '어떻게든 해보자'고 마음먹었다. 그는 대만으로 건너가 옛 지인을 만나 여기라면 납기를 맞출 수 있겠다는 확신이 들어 구매팀에 연락했다. 그 일이 있고 얼마 후 프랭탕에서 '사에라' 우산을 매장에 진열토록 해주겠다는 연락이 왔다. 보잘것없는 우산 장수인데 괜찮겠습니까. 이렇게 물으니 구매팀 부장이 대답했다.

"프랭탕도 작은 백화점입니다. 함께 커가면 되지요."

마치 소설, 영화에서나 들을 수 있을 것 같은 대사를 듣고 그는 감동했다. 처음은 겨우 우산 10개를 진열할 수 있는 공간에 불과했지만, 그는 어떻게든 그곳을 사수하자고 다짐했다. 그는 판매대를 항상 점검해 상품이 비어 있으면 바로 보충하고 가장 잘 팔리는 가격대에 다른 회사보다 한 등급 위의 물건을 진열했다. 얼마 후 10개에서 20개, 40개로 늘어나고 마침내 진열대 한 곳을 통째로 받게 되었다. 오로지 '사에라' 상품이 잘 팔렸기 때문이다. 우산 한 개가 처음 팔리고 1년 뒤인 지난해 봄에는 겨우 1평의 사에라 매장에서 하루에 250개나 팔린 날도 있었다. 그리고 한 달 판매액이 780만 엔에 이르렀다.

"그 연상의 여자와는 결국 어떻게 됐어요?"

"그 사람과는 헤어졌습니다."

"하지만 그 사람이 당신을 우산의 세계로 데려다주었네요…."

"네, 그 사람이 없었으면 지금 우산을 만들고 있진 않겠죠."

그의 사무실에는 온통 우산이 펼쳐져 있었다. 실로 꽃이 만발해 있는 것 같은 그 사무실에서 한 사람의 우산 장수가 중얼거리듯이 말했다.

"저는 우산 장수라서 행복합니다. 비가 내리면 기쁘고 활짝 개면 기분이 좋고 어떤 날씨에도 즐겁게 지낼 수 있으니까요."
　나는 웃으며 맞장구쳤다.
　"행복하네요."

# 바람의 학교

세네갈의 수도 다카르에서 말리의 수도 바마코까지 전체 길이가 1600킬로미터에 달하는 철로 위를 국제 열차가 달리고 있다. 나카타 쇼이치 씨는 기아에 시달리는 서아프리카 농업 실태를 파악하기 위해 다카르에 사는 친구와 제자들의 반대를 뿌리치고 사흘간의 혹독한 장거리 여정에 올랐다. 열차 객실에는 냉방장치도 없었고 열어놓은 창에서는 뜨거운 바람이 불어와 실내 온도는 섭씨 40도에 육박했다. 더위는 당연하다고 각오했지만, 예상하지 못한 것은 갈증이었다. 하루 종일 열차를 타고 오는 동안 친구 부인이 준비해준 2리터가 넘는 반차*도 자신이 물통에 채워온 물도 모두 남김없이 떨어졌다. 그렇게 갈증과의 투쟁이 시작되었다.

*　일본에서 마시는 녹차의 일종.

정차한 역에서 물장수가 올 때는 그래도 괜찮았다. 그렇게 깨끗한 물인 것 같지는 않았지만, 양동이에서 컵으로 떠서 꿀꺽꿀꺽 마셨다. 하지만 물장수조차 오지 않는 작은 역에서는 어쩔 방법이 없었다. 나카타 씨는 그때까지 다른 나라를 여행할 때 '천연수 절대 마시지 않기'를 지켜야 할 중요한 수칙의 하나로 삼아왔다. 하지만, 이 극심한 갈증 앞에서는 그러한 수칙도 무력했다. 나카타 씨는 정차한 열차에서 내리면 철로와 나란히 흐르는 세네갈강의 물을 손으로 퍼서 먹게 되었다….

여행을 계속하던 중, 나카타 씨의 머리에 무언가가 점점 명료하게 다가왔다.

"물이다!"

물론 서아프리카에서 물이 얼마나 중요한지는 그전에도 잘 알고 있다고 생각했다. 그러나 갈증에 시달리는 열차 속에서 비로소 뼈저리게 느꼈다. 이윽고 나카타 씨의 머릿속에 서서히 우물의 이미지가 그려졌다.

"우물이다, 그것도 수작업으로 파는 우물이다!"

그리고 그는 마음먹었다고 한다. 앞으로의 인생은 수작업으로 우물 파는 기술을 개발하는 데 바치겠다고. 그때 그의 나이가 여든 살이었다.

나카타 쇼이치. 1906년 효고현 아와지섬 출생. 규슈대학

농학부 졸업. 농림수산성에 들어가 농업개량보급사업에
종사. 정년퇴직 후 한때 해외협력사업단 국제농업연수센
터 관장을 맡.

연표상으로는 이렇게 되지만 나카타 쇼이치 씨의 진가
는 연표 속에는 없다. '예산을 확보하는 기술에 능숙하지
못해 기술직 공무원으로서는 과장 승진에도 미끄러진 낙
오자'였다. 중요한 것은 유네스코에서 파견되어, 정년퇴직
직전 1년 반을 아프가니스탄에서 농업교육 전문가로 지냈
고 게다가 농업협력 프로젝트팀의 리더로 69세부터 76세
까지 7년간을 방글라데시에서 살았다는 점이다. 여기에서
의 경험이 '바람의 학교'라는 특이한 교육기관을 탄생시킨
계기가 됐다.

나카타 씨가 주관하는 '바람의 학교'에는 본교가 없다.
학생이 있는 곳, 거기가 모두 '바람의 학교' 분교다. 학생 자
격은 해외에서의 농업 협력과 봉사활동을 지망하는 자라면
누구에게라도 주어진다. 학생은 나카타 씨가 각지에 마련
한 주거시설과 농지에서 자활하며 농업 경험을 쌓아간다.
나카타 씨는 이것을 '자활 실습'이라 부르고, '바람의 학교'
의 근간을 이루는 교육이라고 생각했다. '자활 실습'과 함
께 중요한 또 하나의 기둥은 '적정 기술'의 습득이다. 방글
라데시에서의 오랜 경험으로 기술협력은 제공받는 나라의

실정에 맞지 않으면 뿌리내리지 못한다는 사실을 뼈에 사무치게 느꼈기 때문이다.

예를 들면 원조로 성능이 우수한 기계가 제공된다. 하지만 1, 2년 지나면 방치돼 비가 와도 내버려둔다. 당연하다. 고장 나도 수리할 부품이 없기 때문이다. 그리고 부품을 살 돈조차 없다. 잘못은 그 정도의 일도 생각하지 못하고 원조하는 쪽에 있다. 그러한 땅에 필요한 것은 돈이 아니라 사람이고 물건보다 기술이다. 더구나 그 기술도 그 땅에 있는 자원을 이용하여 거기 사는 사람들이 습득할 수 있어야 한다. '바람의 학교'가 지향하는 목표는 '자활 실습'으로 경험을 쌓은 젊은이들이 지역에 맞는 '적정 기술'을 습득해 해외로 나가는 것이다.

4년 전 서아프리카에서 돌아온 나카타 씨는 '바람의 학교'에 적합한 테마로 '수작업으로 우물 파는 기술'을 선정해 개발에 착수했다. 다행히 나카타 씨가 사는 지바에는 대나무를 이용한 '가즈사보리'*라는 전통적인 우물 굴착 기술이 있었다. 하지만 아프리카에는 대나무가 없다. 그렇

---

* 메이지 시대 초기에 가즈사 지방(현재의 지바현 중서부)에서 고안된 우물 굴착 기술로 대나무의 탄성과 사람의 힘을 이용해 땅을 수백 미터까지 팔 수 있다.

바람의 학교

다면 대나무를 사용하지 않는 '가즈사보리'를 생각하면 되지 않겠는가. 그리고 1년 뒤 어디든 굴러다니는 고철 부품을 이용하여, '대나무를 사용하지 않는 가즈사보리 제1호 방식'이 완성되었다. 원리상으로는 무거운 쇠 파이프 끝에 칼을 부착해 위아래로 움직여 구멍을 파내려가는 지극히 간단한 방법이었다. 이어서 곧 자전거의 낡은 튜브와 유리 구슬을 이용해 혼자서도 우물을 팔 수 있는 '제2호 방식'이 탄생했고 게다가 기술을 습득하고 해외로 흩어져 파견된 학생들 손으로 '제3호 방식' '제4호 방식'이 개발되기에 이르렀다. 나카타 씨와 '바람의 학교' 학생들이 그렇게 할 수 있었던 것은 아마도 그들이 우물 파는 데 아마추어였기 때문이다. 왜냐하면 나카타 씨 자신이 분명히 말했듯이 "전문가는 우선 불가능한 점부터 나열하지만, 아마추어는 가능한 것만 알려고 하기 때문"이다.

*

소토보선*이 지나가는 모바라에서 버스로 40분 정도 가

---

*     일본 지바현 지바시에 있는 지바역과 가모가와시에 있는 아와가모 와역을 잇는 철도 노선.

그네들이 사는 법

면 오타키라는 정류장이 있다. 거기서 내려 논두렁 같은 길을 10분쯤 걸어가면 뜰에 풍차가 돌아가는 집이 보인다. 거기가 나카타 씨의 집이다. 풍차는 '대나무를 사용하지 않는 가즈사보리'로 판 우물에서 물을 퍼올리는 동력으로 사용된다.

어느 날 그 풍차가 있는 집을 방문한 언론인이 갑자기 질문했다.

"왜 이런 일을 하세요?"

그렇게 직설적으로 캐물으니 나카타 씨는 말문이 막혔다. 지금까지 그러한 질문을 받은 적도 없고 생각한 적도 없었기 때문이다. 하지만 잠시 생각한 뒤 서서히 말을 꺼냈다.


"젊었을 때 『2리를 가는 사람들第二里の人』이라는 책을 읽은 적이 있어요. 저자의 이름도 내용도 어렴풋하지만 지금도 한 가지 생생하게 기억나는 것은 그 안에 '다른 사람이 만일 당신에게 1리를 가라고 강요하면 함께 2리를 가라'는 「마태복음」의 한 구절이 인용돼 있었다는 사실입니다. 나는 그것을 이렇게 이해했어요. 1리는 의무 사항이고 2리는 자유의사에 따른 활동이라고. 나에게는 그 2리의 활동이 우연히 국제 협력이었을 뿐입니다.

제2차 세계대전 때 나는 중국 화남 지방에 4년 반 정도 있었어요. 공병 소대장으로 그저 길을 만들고 다리를 가설했습니다. 군이 진군할 때는 선두에 서서 작업하고 퇴각할 때는 후미에 붙어 뒤처리하는 거죠.

내가 겪은 전투 장면 중 진중일지에 기록된 것만 해도 45회나 돼요. '이번엔 그른 것 같아'라는 체념이 '이번에도 또 괜찮았어'라고 안도하는 분위기로 바뀌기도 했습니다. 그러한 일이 몇 차례나 이어졌어요. 이상하게도 나는 죽지 않았습니다. 꼭 그래서는 아니지만 이러한 야전생활이 반드시 고통스럽지는 않았어요. 즐겁지는 않지만 어떤 의미에서는 충족감이 있었습니다. 그러나 패전 뒤 심각하게 고민했습니다. 중국에 대해 개인적인 악행은 벌이지 않았지만, 병사로서 책임이 없는 것은 아닙니다. 현재 나의 행동에 그러한 사죄의 마음이 없다고 하면 거짓이죠. 실제 중국에는 지금까지도 발을 들일 수 없다고 생각하고 있고 방문할 일도 아마 없을 겁니다. 하지만 물론 그게 전부는 아닙니다.

나도 10대부터 20대까지 '암두지감巖頭之感'*이라는 유서를 남기고 게곤노타키 폭포에 몸을 던져 자살한 후지무라

---

*　절벽 끝에서 느낀 감회라는 의미.

미사오**와 마찬가지로 삶에 어떤 의미가 있는지 고뇌했어요. 죽지 않은 이유는 내가 후지무라 미사오보다 머리가 나쁘고 손과 몸 쓰는 걸 좋아하는 성격이었기 때문일 거예요. 하지만 그렇게 번민하는 가운데 종교적인 믿음과 같은 몇 가지 신조가 생겼어요. 나의 '2리' 활동을 뒷받침하는 '다른 사람을 돕는 것은 나를 돕는 것이다'라는 믿음도 그 하나입니다.

이런 걸 말하면 '뭐, 바보 아냐'라고 비웃을지 모르지만, 과거 일본이 외국에 한 일, 지금 일본이 하는 일 모두 나에게 책임이 있는 것 같은 느낌이 들어요. 하지만 입으로 아무리 그렇게 말해봐야 소용이 없잖아요. 그래서 최소한 내가 책임질 수 있는 범위에서 책임지자고 생각한 거죠. 그것이 농업개량보급사업에 대한 협력이고, '바람의 학교'이고, 수작업으로 하는 우물 파기 기술 개발입니다.

그렇다고 무모한 사명감에 혈안이 되어 해야 할 일을 찾아다녔다는 것은 아닙니다, 지금 눈앞에 있는 운명을 소중히 받아들이고 그 운명을 적극적으로 헤쳐나가기만 하면 다음에 할 일은 반드시 어딘가에서 자연스레 찾아왔어요.


** 당시 엘리트 학생이었던 그의 죽음은 입신출세를 미덕으로 삼았던 사회 분위기에 충격을 던졌다.

때때로 젊은 사람들이 상담을 요청할 때가 있습니다. 봉사 활동하는 것은 좋은데 해외에서 돌아왔을 때 취직할 곳이 있을까요, 라며. 그러면 모른다고 나는 답변합니다. 먹기 위해 일하는 것은 아니잖아요. 일하니까 먹는 거죠. 마찬가지로 미래를 위해 해외에서 봉사활동하는 것은 아닙니다. 그 자체가 만족스럽기 때문에 할 뿐이죠.

현재 집은 아들에게 넘기고 오타키에서 셋집살이하고 있습니다. 언제든 해외에 나갈 수 있게요. 나는 역시 야전 생활이 맞는 것 같습니다⋯."


지난 4월부터 5월에 걸쳐 나카타 씨는 아프가니스탄을 방문했다. 평화 협정이 체결되고 소련군이 철수했지만, 여전히 전화는 수습되지 않았다. 하지만 내전이 종식되는 것은 틀림없다. 그때 그는 '마음의 고향'인 아프가니스탄의 부흥을 어떻게 도우면 좋을지 미리 확인해두고 싶었다. 주변 사람들은 84세의 나카타 씨가 하기에는 너무 위험하다고 만류했지만, 본인은 조금도 두려워하지 않았다. 카불에는 로켓탄이 날아다니고 헤라트에는 호텔 옆 전차에서 포성이 끊임없이 울려왔다. 어느 때인가 교외에 있는 학교를 안내하던 현지인이 지뢰가 무서워 떨면서 걷는 것을 보고 무심코 이렇게 말했을 정도였다.

“나를 따라오세요.”

이는 나카타 씨는 지뢰를 밟거나 포탄 맞을 일이 일단 없을 거라는 묘한 자신감이 있었기 때문이기도 하지만 동시에 맞으면 맞지 딱히 개의치 않겠다는 각오가 있었기 때문이기도 했다. 메이지 시대에 태어나 여러 경험을 하고 거의 후회 없는 인생을 살아왔다. 설령 그 자리에서 죽는다고 해도 슬퍼할 이유는 없었다.

“게다가….”

나카타 씨는 앞에 있는 언론인을 향해 장난치듯이 웃으면서 말했다.

“다다미 위에서 죽는 것보다 그렇게 갑작스레 죽는 게 훨씬 나아 보였거든요.”

# 한 바퀴 빙 돌아

언제부터인가 그는 갑자기 잠을 이루지 못했다.

평소 같으면 밤 11시쯤 집에 돌아와 목욕하고 신문 같은 것을 읽은 뒤 자리에 누우면 그야말로 곯아떨어지듯 잠들었다. 하지만 이날을 기점으로 잠에 들지 못했다. 잠자리에 들기 전 술을 마셔도 소용이 없었다. 새벽에 얕게 자지만 시간이 너무 짧았다. 이런 일이 사흘 정도 되풀이되던 어느 한밤중의 일이었다. 역시나 잠들지 못한 채 이불 속에서 가만히 있는데 오른쪽 관자놀이에 통증 같은 것이 느껴졌다. 그리고 아프다고 의식한 순간, 머리에 참을 수 없을 만큼 통증이 엄습했다. 며칠 밤이나 불면에 시달린 것은 이 편두통 때문이었다. 그는 이때까지 편두통 같은 것은 갱년기 여성이나 걸리는 병이겠거니 했다. 그런데 지금 그 편두통에 시달리고 있다. 더구나 잠들 수 없을 정도로 몹시 아팠다. 몸에 무언가 이상이 있다는 증거임이 틀림없었다. 내일은 무슨 일이 있어도 병원에 가서 진찰을 받아 봐야지…. 하지만 국회의원의 제1비서*인 그에게 낮에 병원에 갈 여유는 없었다. 그는 산더미처럼 쌓인 일을 정리한 뒤, 밤늦게 응급실 뇌신경외과를 찾았다. CT 촬영을 한 뒤 문진을 봐준 젊은 당직 의사가 말했다.

"CT에는 이상이 없어요. 다른 검사를 해보지 않아 단정할 수 없지만 아마도 피로에 의한 '근육긴장성두통' 같습니다."

그 말을 듣고 질문했다. "피로가 원인이 되어 잠들지 못하기도 하나요?"

그러자 의사는 매우 당연하다는 말투로 대답했다.

"40세가 넘어 뇌신경외과에 오는 남성 중 반 이상은 피로가 원인입니다."

반올림하면 모를까 그는 아직 30대였다. 과연 자신의 두통 원인도 40대 남성과 같이 피로가 원인인 것일까. 이런 생각을 감지했는지 젊은 의사가 입을 열었다.

"환자분, 주머니에 삐삐** 갖고 계시죠."

확실히 의원 비서가 된 이래 늘 손에서 내려놓은 적이

---

*　　정책 담당 비서.

**　　휴대용 무선 호출기.

없었다. 집에서 잘 때도 머리맡에 둘 정도였다. 그렇다고 답하자 젊은 의사는 다시 물었다.

"환자분, 최근 언제 쉬었는지 기억 안 나시죠."

그러고보니 선거구의 각종 모임에 얼굴을 들이미느라 요즘 휴일을 반납하고 일했다. 그가 또 그렇다고 답변하자 젊은 의사는 틀림없는 것 같다고 말했다. 원인이 무엇이든 밤에 잘 수 있으면 좋겠어요. 그가 말하자 젊은 의사는 약을 처방해주었다.

"이거 먹으면 낫나요?"

"그건 모릅니다."

"약을 먹어도 낫지 않으면 어떻게 하면 될까요?"

그가 불안한 기색으로 물으니 젊은 의사가 응답했다.

"일을 쉬는 거죠."

"쉬지 않으면?"

그러자 더 이상 이야기해야 소용없다는 듯이 젊은 의사는 문진을 마쳤다. 그는 처방받은 약이 정신건강의학과에서 많이 사용하고, 효능도 개인차가 상당이 크다는 사실을 알고 있었다. 왜냐하면 1년 전까지 그는 이러한 약을 환자에게 복용시키는 곳에서 일하던 사람이었기 때문이다.


그는 국회의원 비서가 되기 전까지 도립 정신병원에서

간호사로 일했다. 왜 간호사가 되려고 했을까? 그 이유를 한 가지로 설명하기는 어렵다. 몇 개의 작은 점이 있고 그것이 어느 순간 하나의 선으로 연결되었다고밖에 할 수 없다. 하나는 어린 시절 부친을 병으로 잃은 것이다. 또 초등학교 학급 친구 중 소아마비가 있는 친구가 있었다는 사실도 그에게는 작은 일이 아니었다. 게다가 고등학교 때부터 자주 공사 현장의 아르바이트로 일하면서 사람이 어이없을 만큼 간단히 죽는 모습을 여러 번 보았다. 대학 수업에 흥미를 잃은 그는, 중퇴 후 얼마 뒤 어느 중증심신장애아 시설을 방문했다. 일할 수 있게 해달라고 부탁하니, 아직 젊으니까 무언가 자격을 취득하고 나서 시작해도 늦지 않다며 오히려 타일렀다. 알아보니 간호부*처럼 남성의 경우도 간호사 자격 요건이 있었다. 그는 도립 간호학교에 들어가기로 했다.

그의 처음 희망은 소아청소년과였지만 3년간 학교생활을 하면서 조금씩 바뀌었다. 소아청소년과 환자는 불행 속에도 아직 희망이 있고 소아청소년과를 지망하는 간호사나 간호부 지원자도 있다. 하지만 정신건강의학과 환자는

* 2002년 3월부터 남녀 모두 간호사로 명칭 통일. 그 전에는 여성 간호사를 간호부로 부른다.

원하든 원치 않든 격리된 공간 안에서 살아갈 수밖에 없고 희망을 품기도 어렵다. 어쩌면 자신이 그곳에 도움이 될지도 몰랐다. 그래 역시 정신건강의학과로 가자. 그렇게 결정한 것은 간호학교가 마쓰자와 병원*안에 병설로 있던 것도 관계가 있지만, 그 이상으로 전 도쿄대 학생이었던 동기생의 영향이 컸다. 그 동기생은 사회학 공부를 위해 정신병원에서 아르바이트하던 중 정신병원을 바꾸는 것은 간호사라고 생각해, 간호학교에 들어왔다고 했다.

동기생들과 함께 마쓰자와 병원에 근무하게 된 그는 이른바 개혁파의 한 사람으로서 의사들과 함께 정신건강의학과의 의료를 바꿔가고자 노력했다. 연구회에도 참가하고 조합에도 적극적으로 관여했다. 하지만 그로부터 10년이 지나고 돌아보니 뜻을 함께했던 의사들은 개혁의 효과가 나오기 전에 뿔뿔이 흩어졌다. 뭔가 방법을 바꿔야 하는 것 아닌가 하는 생각이 들 무렵, 간호부 경력이 있는 의료 문제 전문가가 도쿄에서 중의원 선거에 출마했다. 간호학교를 다닐 때 그녀에게 수업받은 적도 있어서 어느덧 그는 선거에 협력하는 각 그룹의 연락책을 맡게 되었다. 그

---

*　도쿄도 세타가야구에 있는 종합병원으로 정신과 전문병원이면서 일반 진료도 겸한다.

녀는 사회당의 공식 후보로 인정받지는 못했지만, 때마침 일어난 반 소비세 붐과 그의 인품과 경력으로 다른 유력 후보를 누르고 멋지게 당선되었다. 비서를 해보지 않겠느냐는 제안이 들어온 것은 당선 직후였다. 주위에서 반대하는 사람도 적지 않았지만, 그곳에서 정신건강의학과 의료를 개혁하는 새로운 돌파구를 찾을 수 있을지 모른다고 생각했다. 그렇게 지방 공무원인 도립 병원 간호사를 그만두고 특별 국가 공무원인 국회의원 제1비서가 되었다.

그런 자신이 이제 정신건강의학과에서 사용하던 약을 처방받고 있다니….

응급실에서 처방받은 약을 복용했지만, 두통은 가라앉지 않았다. 이튿날 한의사인 지인을 만나 상담하니, 이 상태로는 입원해야 할지도 모른다고 말했다. 그는 나선 길에 한방치료도 하는 대학 병원으로 향했다. 경과를 설명하니 침술 치료로 유명한 의사가 말했다. "입원하세요. 집에 돌아가도 뾰족한 수가 없으니까 이대로 입원하세요." 그는 권유받은 대로 병실 침대 위에 누웠지만, 머릿속 한쪽 구석에는 왜 이러한 양복 차림으로 누워 있는 것일까 하는 묘한 생각이 들기도 했다.

입원하고 20일이 지났을 무렵, 문득 좋아졌다는 느낌이

들었다.

"앞으로 얼마나 걸릴까요."

그가 의사에게 물었다. 지금까지는 그렇게 질문하면 왜 그리 서두르느냐고 가볍게 받아넘겼는데 그때는 달랐다.

"그건 환자분이 결정하는 겁니다."

그건… 환자분이… 결정하는 겁니다. 그는 잠시 후 깨달았다. 그러고보니 의사의 그 말은 정신병원 환자에게 비슷한 질문을 받았을 때 간호사였던 그가 늘 답변했던 말과 조금도 다르지 않았다.

자신도 모르는 사이에 한 바퀴 빙 돌았다….

아이러니하다고 느꼈을 때, 그리고 언젠가 정신건강의학과의 간호 현장에 돌아가면 이 사실이 '살아 있는 교재'가 될지도 모른다는 생각이 들었을 때, 그의 퇴원 시기는 결정된 것과 다름없었다.

# 행방불명

아침에 외출하려고 하는데 전화가 걸려왔다. 낯선 사람 같았다.

"이른 아침부터 죄송합니다."

목소리로 봐서 상당히 나이가 들어 보이는 차분한 남자였다.

"저는 나가타라고 합니다만, 실은 아들이….."

남자가 거기까지 말했을 때 돌연 뭔가 떠올랐다.

"죄송합니다만 혹시 오늘『아사히신문』조간에….."

내가 말하니 전화한 상대방은 놀란 듯한 기색으로 한번 숨을 내쉬더니 대답했다.

"예, 그렇습니다….."

그날 아침은 웬일인지 느긋하게 신문 볼 여유가 있어서, 기사는 물론 평소 같으면 좀처럼 펴지 않는 별지 정보 페이지까지 일일이 훑어보았다. 어느 페이지인가에는 동창회 안내와 명부 작성 알림 등과 '찾는 사람' 난이 섞여 있었다. 이제까지 거의 주의 깊게 본 적이 없는 난이었지만 그날만큼은 그중 하나가 눈에 들어왔다. 눈길이 간 것은 거기에 실린 사진의 힘이 컸던 것 같다. '찾는 사람'이라고 하면 대개는 전쟁 전이나 전쟁 중에 찍은 빛바랜 사진이 게재되는 게 보통인데, 거기에는 지극히 현대적인 단정한 용모의 청년 사진이 실려 있었다. 그리고 옆에는 다음과 같은 문장이 덧붙어 있었다.

"장남 나가타 모리요시(30, 사진)를 찾습니다.

1984년 3월 여행차 인도를 방문해 6개월 체류 후 파키스탄으로 향함. 같은 해 10월 1~3일까지 라호르*에 있는 YMCA에서 숙박하고, 다음날 페샤와르**를 향해 출발한 뒤 행방불명. 파키스탄, 이란, 튀르키예로 육로를 이용해 간다는 편지가 마지막 소식이었음. 어떤 정보라도 좋으니 알려주시기를 바랍니다. (스기나미구, 나가타 시게미쓰)"

---

*　　파키스탄 동북부 펀자브주의 주도로 파키스탄 제2의 대도시.

**　　파키스탄 북부 카이바르파크툰크와주의 주도.

이 글을 읽었을 때 우선 떠올린 것은 그 젊은이와 어딘가에서 만나지 않았을까 하는 점이었다. 파키스탄, 이란 혹은 튀르키예에서. 하지만 그런 일은 있을 수 없을 것 같았다. 내가 그 지역을 여행한 것은 그보다 7, 8년이나 전의 일이었기 때문이다. 다음은 이렇게 생각했다. 어쩌면 이 젊은이는 내가 그때의 여행에 관해 쓴 글을 읽고 자극받아 비슷한 여행에 나선 것은 아닐까. 그러나 이것도 따져보니 있을 수 없었다. 내가 신문에 기행문 연재를 시작한 것은 그가 여행을 떠나고 3개월이나 지난 뒤였기 때문이다.

그나저나 이 젊은이는 어떻게 되었을까. 라호르와 페샤와르 사이에서 그의 신상에 무엇인가 일어난 것 같다. 그런데 육로가 철도나 버스를 뜻한다면, 대형 교통사고라도 나지 않는 한 생사와 관련된 문제에 연루됐을 가능성은 매우 희박하다고 판단했다. 더구나 사고라면 아무튼 신원은 밝혀졌을 것이다. 히치하이크라도 하다 범죄에 휘말렸을까. 그렇지 않으면 실크로드의 여기저기 있는 싸구려 여인숙에서 내가 만난 젊은이처럼, 여행 도중 병에 걸렸을까. 아니면 좀더 내밀한 이유로 일부러 가족과 연락을 끊었을까.

내가 생면부지의 남성으로부터 '아들이…'라는 한마디만 듣고, 바로 아들과 '찾는 사람' 난에 적힌 내용을 직감적으로 결부시킬 수 있었던 것은, 짧은 시간이지만 이같이 이리저리 생각해보았기 때문이다. 전화 용건은 어떻게 아들을 찾으면 좋을지 상담하는 내용이었다. 하지만 왜 나 같은 사람에게 전화했을까? 경위를 물어보니 이렇게 설명했다.

아침 일찍 신문을 보았다는 여성한테 전화로 제보가 왔다. 테헤란에서 아드님으로 추정되는 남자를 만나 이야기를 나눈 적이 있다는 내용이었다. 인상착의를 물으니 아무래도 정말 아들인 듯싶었다. 테헤란까지는 무사히 도착한 것 같다는 사실에 안도했지만, 그 이상은 알지 못했다. 그런데 여성은 전화를 끊기 직전에 내 이름을 언급하며, 그 사람이라면 힘이 돼줄지 모른다고 말하고 전화번호를 일러주었다는 것이다.

나가타 씨와 20분 정도 이야기를 나누었지만 안타깝게도 실질적인 도움은 주지 못했다. 들어보니 내가 떠올리는 정도의 내용은 이미 모두 시도해보았다. '실종 포스터'를 만들어 스스로 파키스탄에도 다녀왔다고 했다. 나는 '잘 지낼 거예요, 분명 어딘가 여행하고 있을 거예요'라고 으레 하는 위로의 말을 건넬 뿐이었다. 더구나 실제로 만일 테헤란에서 무사히 지내는 모습이 확인되면 그다지 걱정할 필요는 없지 않을까 싶기도 했다.

"언젠가 불쑥 돌아올지 모르겠네요."

그렇게 말하니, 전화기 맞은편에서 그때까지와는 달리 힘없는 말투로 대답했다

"하지만… 벌써 2년이 흘렀어요."

부친이 행방불명된 아들을 찾으며 보낸 2년이라는 세월의 무게를 생각하니, 더 이상 근거 없는 위로의 말을 입 밖에 낼 수 없었다.

이것이 4년 전의 이야기다.

*

나가타 시게미쓰의 장남 모리요시가 일본을 떠난 것은 그의 나이 28세 때였다. 대학 시절 모리요시는 학생 재즈 밴드에 들어갔다. 색소폰을 불고 밴드 마스터를 맡았지만, 얼마 지나지 않아 대학을 중퇴하고, 클럽이나 카바레에서 아르바이트하면서 유명한 색소폰 연주자들에 관해 공부했다. 하지만 점점 라이브 연주 일거리가 줄어든 때문인지 결국 음악을 생계 수단으로 하는 것은 포기하고, 학생 시절 밴드 동료가 하는 인테리어 회사에 들어가 일을 시작했다. 그런데 그 회사에서 5년 정도 근무한 뒤 갑자기 인도로 가겠다고 말을 꺼냈다.

모리요시에게는 최초의 해외여행이었는데 계획을 세우고, 정보를 수집하고, 비자를 발급받고, 티켓을 알아보고 이 모든 과정을 혼자서 처리했다. 필요한 돈도 모두 자신이 저축한 돈으로 충당했다. 중고로 구입한 차가 처음 예상한 가격대로 팔리지 않았다는 말을 듣고, 부친은 그 차액을 전별금으로 건넸다. 하지만 나중에 알고보니 그 돈은 손대지 않은 채 그대로 저금했다. 모리요시는 인도, 스리랑카 그리고 네팔에서 활기차게 여행하는 모습을 엿볼 수 있는 편지를 보내왔다. 여행을 떠나고 반년 후인 10월, 마지막 편지가 도착했다. 편지에서 그는 우선 11월로 예정된 여동생 결혼식에 참석할 수 없다고 양해를 구했다. 집에 폐를 끼쳐 괴롭지만, 조금 더 여행을 계속하고 싶고 인도를 떠나 육로를 이용해 유럽 쪽으로 갈 예정이라며, 편지는 다음과 같은 글로 끝을 맺었다.

"앞으로의 계획을 그다지 자세히 세우지는 않았지만, 파키스탄과 이란은 비교적 짧게 여행하고 튀르키예에서 조금 오래 머무르려고 합니다. 크리스마스는 그리스 쪽에서, 라고 마음먹고 있는데 너무 낙관적인 생각일까요."

크리스마스가 다가와도 모리요시에게는 편지 한 통 없

었다. 이상하다고 모친이 말하자 처음에는 웃어넘겼던 부친도 갑자기 걱정되었다. 해가 바뀌어도 전혀 연락이 없었다. 외무성에 가자, 해외에서 일어난 사고를 담당하는 재외국민보호과라는 부서의 담당자가 상담에 응했는데, 조금 더 지켜보면 어떻겠냐는 말뿐이었다. 하지만 2월이 되고 3월이 되어도 연락이 없었다. 부친은 아들의 신상에 무언가 돌이키기 어려운 일이 발생한 것은 아닌지 의심을 품게 되었다.

마지막 편지를 받고 거의 1년 후인 9월, 가만히 손 놓고 있을 수 없던 부친은 모친과 둘이서 최초 목적지로 꼽은 라호르에 가보기로 했다. 출발 직전에 정보가 하나 들어왔다. 파키스탄의 일본대사관 직원이 라호르의 YMCA 숙박자 명단에서 '나가타 모리요시' 이름을 발견했다는 것이다. 거기에는 3일 숙박한 뒤 페샤와르로 간다는 계획까지 기록되어 있었다. 두 사람은 외무성 담당자의 조언을 듣고 손수 만든 포스터를 가져가기로 했다. 일본어로 쓴 모리요시의 특징을 간다에 있는 번역 업자에게 맡겨 영어와 우르두어*로 번역하고 그것을 모조지에 베껴 쓴 뒤 사진을 붙였다. 하지만 그러한 노력에도 불구하고 열흘간의 파키스

*    인도와 파키스탄의 공용어이자 파키스탄의 국어.

탄 체류 중 단서 하나 찾지 못했다. 갔다가 와서 오히려 실망만 늘어난 부친은 결국 정신 불안에 시달렸다. 게다가 마음의 피로가 겹쳐 전혀 잠을 이루지 못했다.

그로부터 반년, 몸이 겨우 제자리로 돌아왔을 무렵, 자청해서 모리요시를 찾아보겠다는 젊은이들이 나타났다. 『아사히신문』의 '찾는 사람' 난 게재도 그중 한 사람의 권유에 따른 것이었다. 신문에 실리자, 바로 요코하마에 사는 여성에게 전화가 왔다. 몇 개월 전 테헤란의 호텔 카페 테라스에서 '나가타'라는 젊은 남자와 만나 대화를 나눈 적이 있다는 것이다. 생김새를 물으니, 몸은 마르고 눈이 쑥 들어가고 피부색은 검지만 어른스러운 느낌이 나는 어딘가 가수 고 히로미와 비슷한 면모가 있다고 했다. 확실히 모리요시는 눈썹이 두껍고 그 밖에도 고 히로미와 닮은 점이 있었다. 여성의 말에 따르면 '나가타'라는 젊은 남자는 2년 가까이 집과 소식을 끊은 채 여행을 계속하고 있는데, 연락하면 빨리 돌아오라고 할 것 같아 하기 싫다고 말했다고 한다. 그녀는 '나가타'라는 이름은 연합적군*의 나가타 히로코**가 연상돼 머릿속에 새겨져 있다고도 했다.


*    1971년부터 1972년까지 활동한 일본의 극좌 테러 조직.

**   테러리스트·신좌익 활동가.

여성에게 전화번호를 받고 주소를 물으니, 거기에는 응답하지 않았다. 그 여성은 사와키 고타로라는 사람이 힘이 될지 모른다고 한 뒤 전화를 끊었다. 그런데 잠시 뒤 그 여성에게 다시 한번 자세한 내용을 물으려고 메모해둔 번호로 전화했지만, 아무도 받지 않았다. 사정을 설명하고 전화국에 알아보니 뜻밖에도 그곳은 평소에는 무인으로 운영되는 행사장 전화번호였다. 그뿐만 아니라 수색을 자청한 젊은이 중 한 명이 실제 테헤란까지 가서 통화 때 나온 호텔 숙박자 명단을 조사해보니 모리요시의 이름은 물론 정보를 제공해준 여성의 이름도 없었다.

그럼, 그 전화는 무엇일까. 사와키라는 작가의 독자가 약간 장난을 친 것 같다는 게 대다수 의견이었다. 그러나 부친에게는 여전히 이해되지 않는 점이 있었다. 장난이라고 하면 그 정중한 말투와 전혀 악의라고 느껴지지 않는 친절함은 무엇일까. 어쩌면 내가 잘못 들었거나 잘못 받아적은 것은 아닐까….

*

"어쨌든 모리요시에 관한 정보는 그게 마지막이었습니다."

전화를 받고 나서 4년째 되던 해 처음 만난 부친은 그렇게 말하고 시선을 떨구었다.

"하지만 아무래도 죽었다고는 생각되지 않아요."

아들이 소식을 끊고 벌써 6년이 됐다. 그사이 할 수 있는 일은 모두 해봤지만, 단서로 볼만한 것은 무엇 하나 얻지 못했다. 그래도 여전히 부친은 아들의 죽음이 믿어지지 않았다. 왜 아들은 직장을 그만두고 인도로 향했을까. 부친은 그 이유를 거의 생각해본 적이 없다. 기껏 떠올린 것이 '돌아오면 가업인 자전거 가게를 이어서 할지 모른다, 그러면 둘이서 사업을 더 확장할 수 있는데' 정도였다. 하지만 행방을 찾는 중에 부친은 아들을 조금씩 이해하게 되었다.

인도에 도착한 직후 아들은 친구에게 이러한 편지를 써보냈다.


"'지옥에 왔다'는 느낌이야. 완전히 다른 세상처럼 보이고, 눈물이 났어. 양 손목이 없는 여자아이가 있어. 하반신이 이상하게 왜소한 사람도 있어. 마치 '크라임 이즈 오버Crime is over' 같은 느낌이야."


이러한 흥분이 가시고 인도를 떠나기 직전에는 다음과

같이 차분한 마음으로 바뀌었다.

"이제 몸도 마음도 좋아지고 있는 것 같아. 일본을 떠날 무렵에는 내면세계에 몰입했다고 할까, 생각이 많았는데 인도에 와서 점점 순간을 느끼고 음미할 수 있게 되었어. 내일을 생각하지 않고 과거에 얽매이지 않는다고 할까. 인도는 그런 곳이었어."

어쨌거나 라호르의 YMCA를 나와서 아들은 어떻게 된 것일까. 페샤와르에서 전쟁 중인 아프가니스탄으로 몰래 들어갔다. 혹은 일본에 돌아왔지만, 사정이 있어 집에는 연락하지 못하고 있다. 여러 말이 많지만, 부친에게는 어느 것도 현실성이 있다고 느껴지지 않았다. 파키스탄에서 강도를 만나 시신은 사막 어딘가에 버려졌다. 아마 그 가능성이 제일 높을 것이다. 하지만 아들은 인도의 요가 교실에서 수련한 적도 있는 것 같다며, "그러니까" 하고 부친은 말을 이었다.

"파키스탄에서 인도로 돌아와, 어쩌면 세속과는 인연을 끊고 수행하는 세계에 입문했을지도 모르겠어요."

그러자 그때까지 부친의 말에 고개를 끄덕이면서 가만히 듣고 있던 모친이 비로소 입을 열었다. 자신도 살아 있

기를 바란다. 하지만 아들은 다정한 아이다. 어떤 부탁이
든 반드시 들어주었고 무슨 일이 있어도 가족이 걱정하지
않도록 배려했다. 설사 무슨 일이 있다고 해도 몇 년씩이
나 편지를 안 할 리 없다. 마음에 걸리는 것은 아들이 떠날
때 걱정하지 않았다는 점이다. 아니 너무 염려됐지만 밖으
로 드러낼 수 없었다. 다만 조심하라고 말했을 뿐이다. 그
뿐 아니다. 여동생 결혼식 날짜를 알리는 편지에서도 그날
까지 무슨 일이 있어도 돌아오라고 쓰지 못했다. 쓸 수 없
었다. 모처럼의 여행을 중단시키자니 안쓰러웠다.
　"하지만 제가 틀렸을지도 모릅니다."
　그러고는 조용히 눈물을 흘리기 시작했다.


　나는 맑은 눈물을 보면서 묘한 착각에 사로잡혔다. 이
눈물은 나의 어머니가 나를 위해 흘리고 있는 것은 아닐
까. 이렇게 느낄 정도로 그녀의 아들은 나와 닮았다. 거의
같은 나이에, 비슷한 금액의 돈을 갖고 출발해, 비슷한 지
역을 돌아다닌 뒤, 비슷한 경로를 더듬어 비슷한 목적지
로 향하고자 했다. 편지에 적혀 있는 생각도, 나 자신이 쓴
게 아닌가 오인할 지경이었다. 내가 지금 여기에 있고, 그
가 여기에 없는 것은 머리카락 한 올 차이로, 다른 나라에
서 위험을 피할 수 있었는지 없었는지 그 정도 차이에 불

과하다.

　본격적으로 여름이 다가오면서 많은 아들과 딸이 해외로 여행에 나선다. 다른 나라는 다른 나라라는 그 이유만으로 언제나 위험을 내포하고 있다. 대부분의 아들과 딸은 위험을 느끼지 못한 채 돌아오지만, 몇몇은 생각지도 못한 형태로 더구나 비극적인 방식으로 위험을 맞닥뜨린다. 그리고 부모는 불시에 자식의 모습을 보지 못하게 된다. 부모는 자식을 잃으면 미래의 일부를, 그것도 중요한 일부를 상실하게 된다. 부친도 아들의 행방을 알지 못해, 그렇지 않으면 있었을지 모르는 인생의 몇 가지를 잃어버렸다.

　"그렇다고 해서 가지 않았으면 좋았다고 생각하지는 않습니다. 이렇게 끝났지만 잘되었으면 뭔가를 얻어 돌아오지 않았을까요."

　자신은 부친에게 가업을 물려받아 자전거 가게를 하면서 빈둥빈둥 살아왔다. 거기에 만족하고 살면서 그 이상을 바라지도 않았다. 하지만 아들은 무언가를 잡으려고 여행에 나섰다. 어느 쪽이 충실한 인생인지는 알지 못한다. 부친은 그렇게 말했다.


　지난해 1월, 그의 부모는 다시 파키스탄을 방문해 아들이 마지막으로 머물렀던 YMCA 앞길을 걸어보았다. 그 길

을 왔다 갔다 하면서 모친은 마음속으로 몇 번이나 부르짖
었다.

"이 앞에서 도대체 너에게 무슨 일이 있었던 거니?"

# 차미그린 커플

신문에 연재되는 아마노 유키치의 광고 비평 중에, 결혼해 행복한 가정생활을 꿈꾸는 요즘 여성들이 그리는 생활은 '차미그린'의 텔레비전 광고세계와 비슷한 것 같다는 내용의 글이 실린 적이 있다. 주방용 세제 '차미그린'의 텔레비전 광고세계. 그것은 밝은 햇살 아래 깨끗해 보이는 주택가와 세련된 상점가를 젊은 커플이 쇼핑 봉투를 안고 폴짝폴짝 뛰어가는 모습이다. 가령 도쿄라면 신다마가와 선(지금의 도큐 덴엔토시선)을 따라 지어진 산뜻한 단독주택에 살며, 독일제 자가용을 타고, 휴일에는 두 사람이 함께 쇼핑하는 부부의 모습이 연상된다.

이들이 전문 모델이 아니라는 점은 그 아마추어 같은 연기에도 분명히 드러나지만, 화면에는 이름이 자막으로 나와 실제 부부라는 사실도 알 수 있도록 광고는 짜여 있었다. 그런데 광고에 연달아 나오는 이 아마추어 커플은 실제로는 어떻게 생활하고 있을까?

"예를 들면 이렇게 생활하고 있어요."

나카무라 유 씨와 마리 씨는 웃으며 말했다.

나카무라 씨 부부가 '차미그린' 광고에 출연한 것은 7년 전의 일이었다. 당시 나카무라 씨는 '차미그린'의 판매사인 라이온의 영업부에 근무했다. 와세다대학 럭비부 선배의 권유로 입사한 나카무라 씨는 '가정용품사업본부 도쿄 본점 양판점 판매촉진부 제4대형점 판촉그룹'이라는 유난히 긴 이름의 부서에 배치되어 막 출시된 '차미그린' 판매 업무를 맡게 되었다. 라이온에서 '차미그린'은 경쟁 회사인 가오의 '패밀리 프레시'에 맞서기 위해 신혼 가정용으로 내놓은 중요한 전략 상품이었다. 하지만 텔레비전 광고를 봐도 참신한 매력이 느껴지지 않았다. 초기 광고는 폴짝폴짝 뛰어가는 모습이 아니라 두 손으로 얼굴을 감싼 아내의 독백 다음에 남편의 모습이 비치는 것이었다. 나카무라 씨가 광고제작부의 지인에게 그 정도면 우리 부부가 하는 편이 낫겠다고 반농담조로 말하자, 정말로 다음 시리즈 촬영 때 제안이 들어왔다.

도쿄 조후시의 다이에이촬영소에서 나카무라 씨는 얼굴을 가리고 있는 아내 옆에서 안토니오 이노키*의 흉내를 비롯해 몇 가지 '우스꽝스러운 몸짓'을 했다. 하지만 결국 그 영상은 채택되지 않았다. '부인은 괜찮았는데 남편에게 임팩트가 없다'는 것이 이유였다. 조금 실망했지만 사실 안도하는 마음이 들기도 했다.

그러고 나서 1년 뒤 거의 잊을 만한 무렵, 광고 제작사에서 다시 한번 촬영 의뢰가 들어왔다. 처음에는 반대하지 않았던 아내가 두 번째에는 내키지 않아 했다. 아이가 태어난 지 4개월밖에 안 되었기 때문이다. 하지만 회사에서 베이비시터를 붙여주겠다고 해 마음을 바꿔, 두 사람은 다시 카메라 앞에 서기로 했다. 광고 콘셉트는 이미 '커플이 리듬감 있게 폴짝폴짝 뛰어가기'로 바뀌어 있었다. 우선 스튜디오에비스에서 춤 동작을 배우고 촬영장이 있는 고베로 향했다. 촬영은 2박 3일간 대규모로 진행돼, 많은 스태프와 함께 고급 주택가를 걷는 장면과 아시야의 상점가에서 폴짝폴짝 뛰어가는 모습을 촬영했다. 그리고 도쿄에 돌아와 기누타에 있는 도호촬영소에서 설거지하는 장면을 찍었다. 이번에는 채택이 돼 10만 엔을 사례로 받았다. 텔레비전에서 방영되자 나카무라 씨의 친구들로부터 많은 전화가 걸려왔다. 그중에는 자신도 저기에 나오지 못했다며 배 아파하는 럭비부 맹장도 있었다. 나카무라 씨가 단

*    프로레슬링 선수이자 정치인.

골 거래처를 돌면 봤어요, 라고 말을 걸어오거나 가게 앞에 광고 영상을 틀어놓고 직접 팔아보면 어떻겠느냐고 제안하기도 했다. 하지만 어쨌든 그 정도 선에서 끝날 일이었다.

그런데 나카무라 씨에게 '차미그린' 광고 출연은, 그의 인생을 풍파가 적은 '차미그린' 같은 세계에서 무슨 일이 벌어질지 예측하기 어려운 황무지로 바꿔버리는 계기가 되었다. 나카무라 씨는 고베에서 돌아오는 신칸선에서 촬영 스태프들과 맥주와 함께 이야기를 나누면서 그들의 일에 동경 비슷한 강렬한 감정을 품게 되었다.

어느 날 대학 친구가 소개한 영상 제작업체 사장으로부터 '우리 회사에 오지 않겠습니까'라는 권유를 받았다. 나카무라 씨의 마음은 크게 흔들렸다. 일은 근사하고 재미있을 것 같았다. 하지만 회사를 그만두면, 입사에 도움을 준 선배에게 폐를 끼칠 뿐만 아니라 기댈만한 큰 나무를 잃는 것이기도 했다. 어떻게 할까. 고민한 끝에 아내에게 상담하니, 시원스레 말했다.

"그만두는 게 어때."

아내는 말하진 않았지만, 남편이 영업 일을 그다지 좋아하지 않는다는 사실을 눈치채고 있었다. '차미그린' 광고 출연 후 7년이 흐른 지금, 나카무라 씨 부부한테는 아이가 둘 더 생겨 5인 가족이 되었다. 영상 제작사 사원이 된 남편은 이렇다 할 작품을 만드는 데는 이르지 못했다. 한편, 아내는 큰애가 초등학생이 된 데다 작은애 둘도 어린이집에 다녀, 근처 접골원의 접수원으로 일했다.

그들은 분명히 신다마가와선 부근에 살지만, 주거는 산뜻한 단독주택이 아니라 낡은 셋집이고 외제 차는커녕 국산 경차밖에 없다. 휴일도 남편은 소속된 럭비 클럽팀 연습으로 집을 비우는 일이 잦았다. 그 때문에 아이들 셋을 상대하느라 정신없는 아내와 때로는 심하게 부부싸움을 할 때도 있었다.

이것이 '차미그린' 커플의 7년 차 삶의 실상이다. 하지만 그 7년은 남편이 말한 대로 부부로서 자연스러운 길을 걸어왔다고 할 수 있을지도 모른다.

"정말이지, 7년이나 쇼핑 봉투를 든 채 폴짝폴짝 뛰며 살아갈 수는 없잖아요."

참고로 나카무라 씨 집에서는 이제 '차미그린'을 쓰지 않는다고 한다.

# 호두 같은

어느 날 밤 술집에서 한잔하고 있었다. 옆에는 나보다 젊은 손님이 역시 혼자 술을 마시고 있어 자연스레 말을 나누게 되었다. 물론 술김이었다. 대단한 이야기를 한 것도 아니다. 그런데 얼마 후 그가 문득 중얼거리는 듯한 소리로 말했다.

"호두 같은 인생이 있지요."

"호두 같은?"

내가 되묻자, 그는 다시 말했다.

"호두 껍데기 같다고 할까."

내가 흥미 있어 하는 것을 알았는지 그는 말을 시작했다.

"벌써 오래 전의 일이지만, 밤늦게 택시를 탔습니다. 제일은 매일 밤 업무 협의랍시고 고객을 접대하는 게 의무이다시피 했어요. 식사에 반주, 시시껄렁한 농담에 서툰 노래. 그렇게 자정이 지날 무렵까지 어울리는 겁니다. 정말 지긋지긋했어요. 진절머리 나는 것은 일이 늦게까지 있기 때문이 아니라 늦게까지 하는 일이 모두 물거품 같은 것에 불과했기 때문입니다.”

어찌 됐든 그는 이날도 밤늦게까지 거래처 파트너와 함께 보냈다. 무선전화로 택시를 불러 고객을 태워 배웅하고, 불쾌한 기분이 내일까지 이어지지 않도록 다른 술집에서 다시 한잔했다. 몇 잔 마시고 나오니 새벽 세 시 반이 지났다. 목요일의 니시아자부*였지만 시간이 시간인지라 빈 차는 금방 눈에 띄었다.

정차한 개인택시에 올라타니 운전석에는 깜짝 놀랄 만큼 체구가 작은 노인이 핸들에 매달려 있는 듯한 모습으로 앉아 있었다. 목적지를 알리자 어떤 길로 갈지 물었다. 편한 대로 하세요, 라고 말하니 알겠습니다 하며 정중하게 답변했다. 여든 가까이 되어 보이는 노기사의 운전은 정말이지 완전 안전 운전이었다. 평소라면 집에 빨리 가서 자고 싶다는 마음에 이런 운전 스타일에 안달복달했을지 모른다. 하지만 그날 밤은 기사의 너무나도 나이 든 모습에 깜짝 놀라, 느릿느릿한 운전에 함께해도 좋겠다는 기분이

*    도쿄 미나토구의 지역명.

들었다. 그래도 이 정도의 연배에, 이처럼 늦게까지 분투
하다니 대단하다. 이렇게 생각한 그는 노기사에게 몇 시까
지 일할 예정인지 물었다.

"다섯 시까지 합니다."

기사는 느긋한 어조로 말했다. 손목시계를 보니 조금 있
으면 네 시다.

"그럼 얼마 안 남았네요."

그가 말하자, 기사는 의아하다는 듯이 되물었다.

"예, 뭐라고요?"

귀가 어두워 잘 들리지 않는 것일까. 그는 큰 목소리로
반복했다.

"다섯 시까지면 이제 곧 끝나겠네요."

"아니에요, 오후 다섯 시까지예요."

"그렇게 해도 괜찮습니까?"

그가 놀라서 말하니 기사는 아무렇지도 않은 듯 서슴지
않고 대답했다.

"그게 일과니까요."

"일과가 철야하고 저녁까지 일하는 건가요."

그러자 기사는 그가 오해했다는 것을 깨달은 듯, 웃음을
머금고 말했다.

"철야 같은 건 안 합니다."

"하지만, 지금 이렇게 밤에도 일하고 계시잖아요⋯."

"아니, 잠은 제대로 잡니다."

"하지만⋯."

그가 무슨 말인지 이해를 못하니, 노기사가 일과를 설명해주었다.

새벽 두 시에 기상, 두 시 반에는 일하러 나온다. 몇 차례 휴식을 취하면서 오후 네 시까지 계속해 일하고 다섯 시에는 귀가. 그러고 나서 근처 목욕탕을 들른 뒤 귀갓길에 반찬을 사고, 돌아와 텔레비전을 보면서 가볍게 반주를 한다. 일곱 시에는 하품이 나오기 시작해 자리에 누우면 바로 잠든다. 그러면 새벽 두 시에는 잠에서 깨어, 두 시 반에는 일터로 나온다⋯.

부인이 죽은 후 쭉 그렇게 생활해왔다. 모시겠다고 하는 자녀는 있지만 혼자 사는 것이 편하다고 한다. 제2차 세계대전이 일어나기 전에는 일본교통의 전신인 회사에서 역시 운전사를 했는데, 제1기생이었다고 한다. 인원은 많이 줄었지만, 당시 동료들과 1년에 두 번 정도 여행을 떠나는 것이 무엇보다 큰 즐거움이다. 다음 달에는 도치기현의 기누가와 온천에 가기로 했다.

그는 점점 밝아오는 도쿄 거리를 멍하니 바라보며, 노기사와 느긋하게 이야기를 나누는 사이 묘하게 말로 표현할 수 없는 기분이 들었다.

"어째서요?"

내가 물으니, 그는 대답했다.

"여기 하나의 확고한 인생이 있는 거예요. 두들겨도 흔들어도 꿈쩍하지 않을 것 같은. 마치 호두 껍데기처럼 단단해 보였어요. 그에 비해 내 생활은 무르고, 약하고, 약간의 진동으로도 완전히 뒤집어질지 모르는 삶인 거죠. 새벽까지 술을 마시고 이렇게 오전 두 시 반부터 일하는 노기사의 차에 실려 집에 오고. 이러한 인생은 도대체 무엇일까 하는 생각이 드는 거예요."

내가 잠자코 있자, 그는 이어 말했다.

"아니, 나도 모르는 것은 아니에요. 확고한 인생이라는 게 어디든 있을 턱이 없다는 것을, 다만 그렇게 보일 뿐이라는 것을. 하지만 눈앞에서 운전하는 노인의 인생이 호두 껍데기처럼 단단하다는 것 또한 사실이잖아요."

듣고 있는 사이, 그의 말이 나 자신의 말처럼 느껴졌다. 과거, 어디에 닿을지도 모르고 다만 필사적으로 저널리즘의 바다를 헤엄쳐왔을 뿐인 나도, 그와 마찬가지로 '호두 껍데기처럼 단단한 인생'을 살아가는 노인 앞에서 몇 번이나 자리에 못 박힌 듯 고개를 숙인 적이 있다. 예를 들면 베를린 올림픽에 출전하여 5000미터와 1만 미터에서 활약한 무라코소 고헤이.* 그가 보여준 일기에는 현역에서 은퇴한 뒤에도 당일 달린 거리 합계가 하루도 빠짐없이 기록되어 있었다. 달린 거리 일람표 한 장에 살아온 길이 드러났다. 그 간결하고 흔들림 없는 인생에 나는 큰 충격을 받았다.

하지만 나는 끝내 그러한 사실을 입 밖에 내지 않은 채, 그와 작별해 술집을 떠났다. 그것은 소소한 삶이 벽에 부딪힌 듯한 그에게 연장자라는 이유로 아는 체하며 떠벌리는 모습을 보여주고 싶지 않았기 때문이다. 이야기가 계속됐다면 아마 이렇게 말했을 것 같다. 호두처럼 단단한 인생을 보낼 수 있는 사람은 그렇게 사는 것이 뭔가 특별하다고 느끼지 않는 사람뿐이라고.

*    육상 선수·지도자.

호두 같은

59

# 랄프 로렌 양말

그럼, 하고 나는 생각했다. 자, 이제부터 센트럴파크에 가서 조깅이라도 할까.

일요일 오후 구름이 잔뜩 낀 하늘은 맑은 가을 날씨라고 하기에는 조금 거리가 있지만, 시원해서 달리기에는 안성 맞춤이었다. 그날 나는 뉴욕에서 매디슨 스퀘어 가든과 가까운 7번가의 작은 호텔에 머물렀다. 주방이 딸린 편리한 구조의 방이었지만, 호텔 자체는 수영장이 있거나 헬스장이 있을 만큼 고급은 아니어서, 몸을 움직이려고 하면 바깥에서 조깅이라도 해야 했다. 최근 센트럴파크도 조깅하는 사람을 겨냥한 살인 사건이 일어나기도 해 반드시 안전하다고 할 수는 없지만 한낮이라면 괜찮을 듯싶었다. 나는 티셔츠와 짧은 반바지로 갈아입고 평소처럼 흰 무지 면양말을 신다가, 문득 가방 밑에 둔 양말 한 켤레가 떠올랐다.

나는 이른바 명품을 귀중히 여기는 취미는 없다. 옷이든 소품이든 일단 실용적이기만 하면 된다고 생각하기 때문에, 일부러 비싼 돈을 들여 특이한 상표가 붙은 명품을 사겠다는 마음이 아예 없다. 그런 내가 양말이라고는 하지만 왜 랄프 로렌 상표가 들어간 물건을 가지고 있을까.

그 양말은 내가 산 것이 아니라 어떤 젊은이가 준 선물이었다.

2년 전 겨울, 도쿄 산겐자야에서 한 젊은이와 우연히 만났다. 그때 나는 점심을 먹기 위해 일터에서 산겐자야 번화가 쪽으로 가고 있었다. 아마도 번역이라는 익숙하지 않은 일에 지쳐, 딴생각을 하며 멍하니 걷고 있었던 것 같다. 갑자기 누군가 부르는 소리에 정신을 차렸다. 엇갈려 지나간 누군가가 내 이름을 불렀던 모양이다. 뒤돌아보니 키가 큰 젊은이가 다시 한번 내 이름을 부르며, 사와키 선생님 아니냐고 물었다. 예 그렇습니다만…. 내가 대답하자, 그는 부끄러운 듯이 저는 선생님의 독자라고 말했다.

"감사합니다."

그런데 내가 그렇게 응답하고, 그가 근처에서 하숙하는 대학생이라는 사실을 말하고 나니, 더 이상 서로 할 말이 없었다. 그럼, 하고 내가 가려고 하자, 그는 정말이지 '용기를 내서' 말하는 듯, 지금 시간이 없으신지요, 라고 물었다. 잠시라도 좋으니 이야기를 나눌 수 없겠습니까, 라고 하는 것이다. 나는 망설였다. 그의 성실해 보이는 말씨에서 그저 단순한 호기심 이상의 절실한 이유가 엿보였다. 하지만, 그때 나에게는 그 절실함을 들어줄 만큼 여유가 없었다. 나는 고민 끝에 지금 할 일이 있다고 거절했다. 그는 바로 양해해주었지만, 언제 틈이 날 때 뵐 수 없겠습니까라며 간절한 표정으로 애원했다. 나는 그 부탁까지는 차마 거절하지 못했다. 그럼 적당한 때에 연락처가 적힌 편지를 보내주세요. 언제 시간을 내서 만납시다. 나는 그렇게 말하고 그와 헤어졌다.

얼마 안 되어 편지가 도착했다. 하지만 난항이었던 번역 출판이 코앞에 다가와, 상황이 좋지 않았다. 시간이 없다기보다 정신적인 여유가 없었다. 마음에 걸렸지만 좀처럼 전화하지 못했다. 그러던 중 그가 또 편지를 보내왔다. 이번 발신지는 홋카이도의 후라노였다. 그는 구라모토 소*가 운영하는 후라노주크**에 들어갔다. 그곳을 설명하는 글을 읽고, 그가 나와 대화하고 싶어한 이유를 조금은 알 것 같았다. 그 또한 대학 졸업을 앞두고 어떠한 길로 가야 할지

---

*　극작가·연출가.

**　구라모토 소가 1984년 설립한 시나리오 작가 및 배우 양성기관.

방황하고 있었다. 만나주었으면 좋았을 텐데…. 후회했지만 이미 늦었다. 하지만, 어찌 되었든 후라노주크에 들어간 이상, 하나의 방향은 찾은 것 같았다. 나는 다소 마음이 놓였다.

그리고 1년이 흘렀다.

겨울 어느 날, 내가 평소처럼 점심을 먹으러 산겐자야 거리를 걷고 있는데, 맞은편에서 걸어오는 젊은이가 들뜬 목소리로 내 이름을 불렀다. 얼굴을 보니, 1년 전 그 젊은이가 아닌가. 홋카이도에 있어야 할 그가 여기 있다니 이상했다. 어떻게 된 일인지 물으니, 시모키타자와***의 혼다 극장에서 구라모토 소의 연극을 공연하기 위해 도쿄에 왔다고 한다. 공연이 밤이라, 추억이 서려 있는 산겐자야를 걸어보고 싶었다고 한다.

우연도 이러한 우연이 있을까. 어느 날 어느 거리에서 만난 젊은이와 꼭 1년 뒤 같은 거리에서 딱 마주친다. 더구나 만난 장소부터 점심시간이라는 시각까지 똑같다. 이런 일이 현실에서 일어난다는 사실에 나는 놀랐다. 그에게 점심은 먹었는지 물으니 아직 안 했다고 한다. 그래서 나는 같이 먹자고 권유해, 바로 앞에 있는 스파게티집에 가기로

*** 도쿄 세타가야구의 지역명.

랄프 로렌 양말

63

했다. 나는 그제야 1년 전의 약속을 지키게 되었다. 스파게티를 먹으면서 그에게 후라노주크에 들어간 이유를 물었다.

후라노주크에 입학한 것은 배우가 되거나 시나리오 작가가 되겠다는 꿈이 있었기 때문은 아니라고 한다. 들어간다고 해서 나올 때 자격을 따거나 무언가가 보증되지도 않는다. 단지 그곳에 있는 2년간 활기차게 지낼 수 있으면 그것으로 충분하다고 생각했다. 그리고 실제 나고야에서 자란 그는 후라노에서 경험하는 모든 게 신선하게 느껴졌다.

"졸업하면 어떻게 할 거지?"

묻고 나서 괜한 질문을 했다고 후회했지만, 늦었다.

"아직 결정하지 못했습니다."

나는 말한 김에 만약 후라노주크를 졸업하고 나서 힘든 일이 있으면 찾아오라며 전화번호가 적힌 메모를 건넸다. 평소답지 않게 주제넘은 짓을 했다. 믿기 어려운 우연이 나를 약간 흥분시켰던 모양이다.

*

또 1년이 지났다. 이 기간에도 그는 나에게 후라노의 채소를 보내주기도 하고, 나는 새로 나온 책을 보내거나 하며 관계를 이어왔지만, 그 이상의 특별한 점은 없었다. 그런데 지난 3월 그에게 편지가 왔다. 후라노주크를 졸업하면 바로 도쿄로 갈 예정인데 만날 수 있을까요, 의논하고 싶은 것이 있습니다, 라는 내용이었다. 순간 어떻게 할지 고민했다.

1년 전 "후라노주크를 나와 힘든 일이 있으면 찾아와"라고 말했을 때의 내 생각은, 그가 이런저런 악전고투 끝에 어찌할 수 없는 상황이 되면 뭔가 도움을 주려고 한 것이었다. 나오자마자 상담하러 오리라고는 상상하지 못했다. 하지만 그가 나의 한마디를 믿고 도쿄로 돌아오는 것은 분명해 보였다. 내 말에 책임을 져야 한다. 그러나 어떻게 지면 좋을까. 나는 내심 매우 곤혹스러웠다.

도쿄에 온 그와 전에 만난 스파게티집에서 만났다. 그의 상담 내용은 이러했다. 앞으로 나와 같은 논픽션 작가가 되고 싶다. 그래서 말인데 어시스턴트로 일하게 해줄 수 없겠는가…. 지난 1년간 받은 편지 등으로 미루어 그의 예의 바름과 꼼꼼함은 잘 알고 있었다. 상상컨대 어시스턴트로서는 더할 나위 없이 훌륭하게 일할 것이다. 하지만 유감스럽게도 나는 어시스턴트 같은 사람이 필요하지 않았다. 지금까지 혼자 할 수 있는 일만 해왔고 앞으로도 어시스턴트를 써야 할 일은 없을 듯싶었다. 그렇게 거절하니 실망한 모습이었지만, 나의 일하는 방식에서 어느 정도는 예상한 얼굴이고 더 이상 매달리지는 않았다. 잠시 고향인 나고야에 갔다가 곧 도쿄로 돌아와 프리랜서 작가의 길을 모색할 예정이라는 그에게 그럼, 하고 나는 하나의 과제를 냈다. 도쿄에 올 때까지 어떤 테마라도 좋고 길이도 상관없으니까 한 편의 완결된 논픽션을 완성해오라고. 그것을 보면 무엇을 할 수 있는지 판단이 설지 모른다. 어시스턴트는 필요 없지만, 아르바이트 자리를 소개하는 정도는 가능하지 않을까 싶었다.

10일 뒤 나고야에서 돌아온 그는 뜻밖에도 20매 정도의 글을 써 왔다. 주제는 구라모토 소였다. 역시나, 완전 아마추어인 그가 취재하지 않고 쓰기 적당한 소재였다. 읽어보니 그대로 매체에 실을 정도는 아니라고 느꼈지만 호감이 가는 솔직하고 부드러운 문장이었다.

"무엇을 할 수 있는지 모르지만, 나에게 부탁하고 싶은 게 있으면 말해볼래?" 내 말에 그가 이렇게 답했다. "어디 잡지사를 소개해줄 수 없겠습니까." 거기서 무엇을 하고 싶은지 물었다.

"글을 쓰고 싶습니다."

"뭐를?"

"뭐든요."

나는 그의 무모함에 쓴웃음을 지을 수밖에 없었다. 요즘 일본에서 경력 없는 젊은이가 '무언가'를 쓰게 해달라고 부탁하러 갔을 때, 좋습니다, 라며 청을 들어줄 만한 친절한 잡지가 있다고는 여겨지지 않았다. 지극히 현실적으로 생각하면 작가가 되고 싶다는 그가 선택할 수 있는 길은 세 가지였다. 출판 기획사에 들어가거나 잡지의 데이터맨*이 되거나 혼자 꾸준히 글을 쓰거나 하는 것이다. 하지만 소설 등과 달리 취재라는 행위가 필요한 논픽션 분야에서는 세 번째 길은 매우 어렵다. 그렇다면 출판 기획사에 들어가거나 데이터맨이 되거나 해야 하지만 과연 그것이 '쓰고 싶다'는 열망을 가진 젊은이한테 바람직한 길인지는 판단이 서지 않았다.

나는 그러한 사정을 설명한 뒤, 어떤 길로 갈지 결정하면 연락 달라고 말하며 헤어졌다. 일주일 뒤 다시 스파게티집에서 만나니 그가 말했다.

"데이터맨으로 일할 만한 곳을 소개해줄 수 없겠습니까."

나는 그 자리에서 남성 주간지 데스크를 맡고 있는 친구

---

* 취재나 자료 수집·정리를 전문으로 담당해, 최종적으로 원고를 작성하는 기자인 앵커맨을 지원하는 사람.

랄프 로렌 양말

에게 전화했다. 사정을 설명하니 현재 데이터맨은 부족하지 않지만 만나서 이야기하는 것은 괜찮다고 했다. 나는 친구 전화번호를 알려주고 한번 만나보라고 권했다. 데이터맨으로 채용되지 않아도 활자 저널리즘의 현장을 접하는 것만으로도 의미가 있다고 생각했기 때문이다.

얼마 뒤 그에게 전화가 걸려왔다. 단골이 된 스파게티집에서 만나니, 내가 소개한 친구의 주간지에 이번에 기사를 쓰게 되었다고 한다. 내막은 이러했다.

그가 편집부에 가니 친구가 친절히 맞아주었는데, 물론 바로 뭐가 되지는 않았다. 그런데 헤어질 때, 만일 글을 쓴다면 어떤 내용을 써보고 싶은지 친구가 질문했다. 그는 내가 한 말을 머릿속에 새겨둔 듯, '무언가'를 구체적으로 적은 노트를 휴대하고 있었다. 그중 하나가 '후세 히로시'라는 젊은 배우였다. 무명의 젊은 배우가 한 편의 텔레비전 드라마로 스타가 되기 위한 발판을 구축했다. 그 배우의 인생 전환점을 써보고 싶다…. 그렇게 설명하니, 친구가 재미있다고 말했다 한다.

'한 편의 텔레비전 드라마'가 무엇인지 물었다.

"구라모토 소의 「어제, 가나시베쓰에서昨日, 悲別で」입니다."

그 말을 듣고 어떻게 그러한 착상을 하게 되었는지 이해

되었다. 하지만 나는 의외의 전개에 놀라기도 했다. 어쩌면 모두 그 혼자만의 착각인지 모른다. 걱정이 되어 친구에게 전화하니, 틀림없이 일로 의뢰했다고 말하는 것 아닌가.

*

아무리 친구한테 일로 의뢰했다고 들었어도, 또 그가 정식으로 취재비까지 받았다고 말했어도 나는 여전히 믿을 수 없었다. 하지만 그와 친구 사이에 자주 오가는 통화로 판단컨대, 그 기획은 아주 순조롭게 진행되는 듯했다.

"그 친구 괜찮아."

어느 때인가 친구가 말했다.

"취재도 잘해. 오히려 지나치게 취재에 몰두해 쓰지 못할까 걱정이야."

한편, 그에게는 취재 대상에게 깊은 신뢰를 받고 있다는 기쁨과 곤혹스러움이 뒤섞인 듯한 전화가 걸려 왔다.

"부모님도 만났습니다. 후세 씨가 이 녀석은 만나보라고 전화를 주었다고 하네요."

친구는 또 다른 전화에서 이렇게 말했다.

"몇 번이나 내용을 수정해서 받았는데 지치지를 않아. 나도 오랜만에 편집자로서 즐거움을 맛보고 있어."

랄프 로렌 양말

69

마침내 그에게 5페이지 분량의 지면 배정이 결정됐다는 연락이 왔다.

"필자 이름은?"

"예, 필자 이름을 넣어서 실어준다고 합니다."

발행 부수 50만 부를 넘는 주간지가 경험이라곤 전혀 없는, 완전 무명의 젊은이가 쓴 기사에 5페이지나 할애한단다. 게다가 필자 이름까지. 그런 일이 현실에서 일어날 수 있는가. 흡사 동화 같지 않은가….

"정말로?"

그렇게 말하고 나서, 문득 어쩌면 나는 그 동화가 현실화되길 바라지 않는 것 아닌가 하는 기분이 들어 깜짝 놀랐다.


지금으로부터 딱 20년 전 나 또한 그러한 동화 속의 주인공이었던 적이 있다.

대학의 세미나 수업 지도교수가 졸업은 했지만, 취직 하지 않은 나에게 자신의 지인인 편집자를 소개해주었다. 내가 어떤 종합잡지에 한 편의 르포 기사를 쓴 것이 인연이었다. 전혀 경험이 없는 무명의 젊은이가 우연한 일로 대중매체인 잡지에 기명 기사를 쓴다는 일은 거의 기적이나 다름없다고 생각했다. 아니, 당시는 조금도 그렇게 느끼지 않았지만 오랜 기간 활자 저널리즘의 세계와 관계를 맺으면서 그것이 얼마나 드문 행운이었는지 알게 되었다. 아무래도 나는 그러한 행운이 나 이외의 다른 사람에게도 찾아온다는 것을 어딘가 인정하고 싶지 않았던 것 같다. 얼마나 속이 좁은가! 그런데 '드문 행운'이 그에게도 확실히 찾아오려 하고 있다.

늘 하던 대로 산게자야의 스파게티집에서 만나니, 환한 얼굴로 게재될 호가 결정되었다고 알려주었다. 이미 다음 주제도 정했고, 취재하러 내일부터 후라노의 당근 공장에 간다고 한다. 그리고 그는 헤어질 때 부끄러운 듯이 작은 종이 꾸러미를 내밀며 말했다.

"원고료를 받아서….”

그럴 필요 없는데, 라는 말이 목구멍까지 나왔지만, 그러면 더 부끄러워할 것 같았다. 이번에도 분명 '용기를 내서' 선물을 주었을 것이다. 나는 고맙다고 말하고 순순히 받았다. 작업실로 돌아와 포장을 풀고 속을 본 나는 크게 소리 내어 웃었다. 거기에는 '꾸준히 길을 걸어가는 사와키 선생님께'라고 휘갈겨 쓴 메모와 함께, 랄프 로렌 양말 한 켤레가 들어 있었다.

지난달 말 미국여행 짐을 쌀 때, 몇 켤레의 양말을 고르

면서 문득 그에게 받은 랄프 로렌이 떠올라 가방에 챙겨두
었다. 뉴욕에 올 때까지 꺼내볼 기회도 없었지만, 센트럴
파크에서 조깅할 때 신고 가는 것은 꽤 괜찮은 아이디어로
보였다.

나는 호텔에서 7번가로 나와 천천히 달리기 시작했다.

달리면서 그가 쓴 원고는 과연 제대로 실렸는지 조금 염
려가 되었다. 게재된다고 들은 날짜에 나오지 않았기 때문
이다. 주간지에서 시간을 다투는 테마는 분명 아니다. 아
마도 급하게 실어야 하는 기사에 밀렸을 것이다. 언젠가
실리겠지만, 그가 분명 조바심을 내고 있겠구나 생각하며
가여운 마음이 들었다. 어쩌면 내가 이렇게 미국을 여행하
는 동안 실렸을지도 모른다. 하지만 이번뿐만 아니라 다음
에도 비슷한 일이 일어나지 않는다고 단언할 수 없다. 시
기가 틀어질 뿐만 아니라 아예 게재 자체가 취소되는 일도
없지 않다. 그렇게 보면, 이번 일은 의외로 그가 동화를 현
실의 이야기로 만들어나가는 데 필요한 중요한 교육을 받
았다고도 할 수 있을지 모른다.

랄프 로렌은 맨해튼에서 앞치마처럼 폭이 넓은 넥타이
를 판매하고 패션계에 성공을 향해 발을 내디뎠다. 디자인
경험도 없고, 완전 무명이었던 랄프 로렌이 처음 넥타이를
만든 것은 스물다섯 살 때였다고 한다. 나에게 랄프 로렌

의 양말을 선물해준 스물다섯 살이 과연 그 자신의 '폴로' 브랜드를 만들어낼지 어떨지는 아무도 모른다. 하지만 그 양말을 신고 맨해튼을 달리는 것은 나에게는 분명 기분 좋은 일이다. 랄프 로렌 양말이 본래 착용감이 좋기 때문인지, 나의 감상에 의한 것인지는 확실하지 않지만.

랄프 로렌 양말

# 일본의 날

맨해튼의 일본인 탐정 핫시의 경력이 종이 한 장에 적혀 있다.

1977년 이혼 소송으로 샌프란시스코에 옴. 서부에서 동부로 감. 검도 5단, 가라테 3단의 솜씨로 여러 무예 도장을 방문해 각 도장 실력자와 승부를 겨뤄 이기는 '도장 깨기' 활동 개시.

1978년 뉴욕에 와 14번가의 가라테 도장 사범이 됨.

1979년 뉴욕시 경찰의 가라테 사범이 됨. 뉴욕시 경찰청 보조 경찰 제6지구대에 들어감.

1980년 경찰학교 졸업 후 맨해튼 미드타운 사우스 지구대에 배치됨.

1983년 뉴욕시 언더커버 경찰이 됨.

1985년 뉴욕시 사격 경기대회에서 8위.

　1988년 총격 부상으로 경찰 사직. '가디언그룹 인터내셔널'에 소속. 탐정 회사 면허 취득.

　하지만, 이 한 장의 종잇조각으로 짐작할 수 있는 것은 일본에서 미국으로 건너온 무도 고수가 뉴욕에서 가라테를 가르치던 중 경찰관이 되었지만, 총에 맞고 다쳐 생업을 탐정으로 바꿨다는 정도다. 그리고 실제 나도 이 이상 대단한 것을 알고 있는 것도 아니다.

　핫시의 고향은 나가노현으로 집에서 검도 도장을 운영했기 때문에 어릴 때부터 검도와 가라테를 즐기게 되었다고 한다. 해양학교를 나와 선원이 된 그는 일본에서 미국인 여성과 결혼했다. 하지만 결혼생활에 실패해 아내는 혼자 미국으로 돌아갔다. 그런데 아내가 재혼하면서 이혼 소송을 제기해, 미국 서부지역에서 재판을 받게 되었다. 재판이 끝난 뒤에도 위자료 같은 문제 때문에 일본에 돌아가지 못했다. 그래서 그는 뉴욕으로 가서 맨해튼에 있는 가라테 도장의 사범이 되는데, 제자 중에 경찰관이 있어서 경찰에서도 가르치게 되었다. 경찰 지구대에 출입하는 자격을 얻고자 보조 경찰이라는 일종의 자원봉사 조직에 가입한 그는 이번에는 영주권을 취득할 겸 경찰학교에 다녀 마침내 진짜 경찰이 되었다….

일본의 날

그렇지만 나도 그가 일한 '언더커버 경찰'이 도대체 어떤 것인지 거의 알지 못했다.

그래, 언더커버가 어떤 것인지 설명하려면 먼저 뉴욕시 경찰이 어떤 구조로 되어 있는지부터 말하는 게 좋겠어. 뉴욕은 주욕Jew York이라고 부를 정도로 유대인이 많아. 그것은 숫자의 문제가 아니라 여러 가지 힘이 유대인에게 집중되어 있다는 사실에서 나온 거야. 확실히 유대인은 뉴욕시를 움직이고 있어. 사회 기구란 힘을 쥐고 있는 인종의 모습과 닮아가는 듯하고, 뉴욕시 경찰의 시스템은 유대인 사회구조를 빼닮았어. 즉 유대인 사회가 크게 네 부류로 나뉘어 있는 것처럼 뉴욕시 경찰도 네 개의 계층이 존재해.

첫째는 지극히 정통적인 유대인. 이들은 유대인의 랍비처럼, 생활 방식이나 식사도 유대 계율을 지키고 여름에도 검은 옷을 입고 검은 모자를 쓰는 사람들이야. 요컨대 자신을 유대인이라고 큰 목소리로 알리는 사람들이지. 비유하자면 경찰 중에서도 제복과 제모를 갖춰 입고 총으로 무장한 경찰관이야. 이 계층에는 아일랜드계가 많아.

둘째는 유대인이라는 사실은 자타 모두 인정하지만, 그다지 계율에 얽매이지 않고, 다른 인종과 교류하면서 사업 같은 것을 하는 유형의 유대인이지. 경찰로 따지면 형사에 해당해. 이 계층에는 마피아와 말이 잘 통하는 이탈리아계가 눈에 띄게 많아.

셋째는 유대인이라는 의식은 있지만 다른 인종 속으로 들어가 스스로는 결코 유대인이라고 말하지 않는 사람들이지. 경찰로 따지면 언더커버에 해당해. 임무를 부여받고 여러 곳에 잠입해 정보를 수집하고 다른 조직과 손잡고 사건을 해결하는 거지. 여기에는 히스패닉계와 중국계가 많아지고 있어.

넷째는 절대 유대인이라는 사실을 인정하지 않는 사람들이야. 경찰로 치면 정보원 계층이지. 마약 상인이나 양아치가 경찰에 정보를 파는 대가로 목숨을 보호받기도 해. 경찰은 그 정보를 신뢰할 수 있는지 점검하기 위해, 정기적으로 경찰학교에 출두시켜 정보를 건네주는 방법에 관해 강의를 받아. 경찰한테 신뢰를 얻으면, 돈도 받고 목숨도 보호받을 수 있는 거지. 물론 그들은 죽어도 자신이 경찰 쪽 사람이라고 말하지 않아.

내가 세 번째 계층인 언더커버가 된 것은 경찰도 그것 외에 달리 나를 활용할 수 없었기 때문일 거야. 경찰학교에서 성적이 나빴던 탓도 있지만, 일본인을 활용할 곳이 없었던 게 더 큰 이유였어. 흔히 뉴욕은 인종의 도가니라고 하잖아. 영어로 하면 멜팅 포트melting pot로 무엇이든 녹일 수 있는 냄비라는 뜻이지. 하지만 실상은 달라 인종 끼리 전혀 융화되지 않는다고. 최근에는 그 경향이 더 커 지고 있어. 그리고 뉴욕시 경찰관은 서로 융화하지 못하는 각 인종 커뮤니티의 지지가 있어야 비로소 존재할 수 있는 측면이 있거든. 뉴욕에 이탈리아인 커뮤니티가 있기 때문 에 이탈리아계 형사가 존재할 수 있다는 거야, 알겠지. 그 런데 뉴욕에는 일본인은 있어도 일본인 커뮤니티는 없었 어. 내가 항상 축구공처럼 여기저기 날아다닌 것도 아마 그 탓인 것 같아.

*

내가 처음 배치된 곳은 범죄 다발 지구가 있는 맨해튼 미드타운 사우스 지구대였어. 수습 기간 몇 개월은 제복 차림으로 순찰했지만, 그 이후는 기본적으로 신분을 위장 한 잠입 수사관으로서의 일, 즉 언더커버를 주 업무로 하 면서 여러 지역을 전전하게 되었지.

언더커버로 처음 발령받은 곳은 차이나타운과 리틀 이 탈리아와 가까운 다운타운인 바워리라는 지역이었어. 그

일대는 푸에르토리코인이나 차이나타운에 들어오지 못하는 중국계 쿠바인* 등이 세력을 쥔 곳으로, 마약을 비롯해 범죄라는 범죄는 모두 뒤섞여 있었지. 나는 바워리에서 정보를 수집하기 위해 '부랑자'로 살아가게 됐어. '살아가다'라는 말은 비유가 아니야. 정말로 완전히 부랑자로 변신해야 했어. 그렇지 않으면 정보의 수집은 고사하고 역으로 언더커버라는 신분이 노출돼 목숨을 잃게 되거든.

나는 따스한 계절에 '부랑자' 생활을 시작했어. 이때부터 조금씩 노숙생활에 적응하지 않으면 뉴욕의 추위에 도저히 버티지 못하거든. 아무리 일이라고 하지만 노숙생활을 계속하는 것은 육체적으로나 정신적으로 매우 괴로웠어. 내가 뉴욕시 경찰이라는 마음만이 그 고통을 참을 수 있게 해주었지. 그런데 부랑자 생활에 필요한 기본 소양을 가르쳐주었던 언더커버 선배는 그런 생각은 위험하다고 종종 말했어. 자신이 경찰이라고 생각하면 언젠가는 태도로 나타나 생명을 위협하는 돌이킬 수 없는 원인이 된다고. 네가 죽는 것은 자유지만, 이쪽에까지 불똥이 튀는 것은 사양한다. 경찰이라는 의식을 하루빨리 버려라….

*    쿠바에서 태어났거나 쿠바로 이주한 중국계 혈통으로 1959년 쿠바혁명 후 미국 등으로 이주.

일본의 날

실제 부랑자로 살아가기 위해 온갖 일을 해야만 했어. 길에 쓰러져 죽은 사람이 있으면 신발을 훔쳐 장물아비에게 1달러에 넘겨. 또 쓰러진 장소가 어딘지 알려주고 2달러를 받는 거지. 장물아비는 그곳을 다른 부랑자에게 알려주고 이번에는 옷을 벗겨 오게 해. 그런 일을 하면서 차츰 한 사람의 '부랑자'로 부근 사람들에게 기억되었지. 1년 정도 바워리에서 '부랑자' 생활을 하고 나서 이번에는 로어 이스트사이드의 알파벳시티에서 건달 역할을 했어. 누드 댄서와 동거하면서 그곳 거리로 나가 '부랑자'를 하지 않아도 정보를 수집할 수 있게 되었지. 거기에서의 일이 일단락된 뒤에, 뉴욕에서도 최악의 범죄지대로 알려진 42번가로 이동했어…. 나는 확실히 축구공 그 자체였어. 언더커버로서 목표를 달성해도 득점은 공 자신이 아니라 슛한 놈의 것이 되어버리고 공은 또 다른 경기장에서 던져져 차이며 시합이 재개되는…. 그런 생활의 반복이었던 거 같아.

물론 위험은 항상 따라다녔어. 제복 시절 하루 네댓 번은 총을 뽑아 두세 번은 발포했어. 언더커버가 되고 나서는 요란한 총격전은 몇 개월에 한 번 정도였지만, 불량배끼리 총싸움을 하게 되면 난사하는 일도 얼마든지 생겼지.

총을 쏜 횟수는 다 헤아릴 수 없지만, 총 맞고 크게 다친 것은 세 차례야. 처음 맞은 것은 언더커버 생활을 시작하고 나서 얼마 뒤의 일이었어.

그때 나는 길모퉁이에서 어떤 남자를 기다리고 있었는데 취객인 듯한 동양계 남자가 비틀비틀 다가와 갑자기 칼을 들이대는 거야. 피하려고 했지만 연습한 대로 되지 않았고 복부를 스쳤어. 오히려 천만다행으로 옷이 칼에 감기면서 상대가 균형이 무너진 것을 틈타 때려눕혔지. 그런데 상대는 혼자가 아니었어. 아주 가까운 거리에서 총성이 한 발 울리는 순간 뛰쳐나갔으면 괜찮았는데 판단이 늦었고 뒤에서 누가 어깨를 잡았어. 벗어나는 방법은 한 가지밖에 없었지. 뒤돌아보며 돌려차기로 상대의 총을 차 떨어뜨리려 했지만 돌려차기가 조금 높게 들어가 상대의 얼굴을 직격했어. 그 바람에 방아쇠가 당겨져 종아리에 맞은 거야. 나는 무슨 일이 일어났는지 잘 알지 못했어. 상대가 쓰러지는 모습을 보고 발로 차느라 정신이 없었거든. 이 자식, 이놈의 새끼라고 외치면서 계속 발로 차는데 점점 몸에서 힘이 풀렸고 가까스로 경찰관이 왔을 때는 거의 정신을 잃은 상태였지.

왜 나를 노렸는지는 알지 못했어. 마침, 그때는 차이나 타운에서 충돌이 일어났던 시기이기도 하고, 오인했는지도 모르고, 기다렸던 남자를 목표로 했는지도 모르지. 어쨌든 거기서 죽었어도 전혀 이상하지 않은 상황이었어.

그런데 총을 맞는 것도 곤란하지만 다른 사람을 쏘는 것도 그다지 기분 좋은 일은 아니더라고. 내가 처음 사람을 죽인 시기는 제복을 입고 한 달쯤 되었을 때였나. 그날 밤 나는 동료와 함께 소호 부근의 창고 거리를 순찰하고 있었는데 문득 보니, 창고 문이 열려 있는 거야. 경비가 허술하다고 생각하며 무심코 혼자 안으로 들어갔어. 안은 캄캄했지. 그때 불시에 어둠 속에서 날카로운 소리와 함께 무언가 번쩍 빛났어. 뭘까 하며 멍하니 있으니 또 반짝하는 거야. 그제야 내가 총격을 받고 있다는 사실을 깨닫곤 당황해서 몸을 숨기고 정신없이 총을 계속 발사했어.

얼마 후 상대가 응사해오지 않는다는 사실을 깨닫고 창문을 보니 유리가 깨져 있었어. 그곳으로 도망친 것일까. 부리나케 달려온 동료에게는 도망친 것 같다고 전했지만, 혹시 모르니까 점검해보기로 하고 창고 불을 켜보니 바닥에 흑인 한 사람이 쓰러져 있는 거야. 처음에는 분명 방금 도망친 놈이 쏘았을 것이라는 둥 태평하게 이야기했지만, 곧 상처 크기로 내가 쐈다는 것을 알게 되었지. 그 남자는 병원에서 사망했어.

그 이후 도대체 나는 몇 사람의 피를 흘리게 한 것일까….

나는 일본인이야. 인종뿐만 아니라 국적 그 자체가 여전히 일본인. 나는 일본 국적을 유지한 채, 뉴욕시 경찰에 들어왔어. 원래 시경 경찰관은 미국 국적이 있어야 하지만 '신청 중'이라는 이유로 관대하게 넘어가주었어. 주변 이야기를 들어보면, 확실히 제2차 세계대전 후 일본에서 나만큼 시가지에서 합법적으로 실탄을 발사한 경험이 있는 일본인은 많지 않을 거야. 일본의 경찰관은 보통 근무 기간 중 한 번도 발포하지 않은 채 정년을 맞는다고 하며, 일본의 야쿠자가 평균적으로 발포하는 총알 수는 고작 두세 발 정도라고 해. 그에 비해 내가 뉴욕 시내에서 발포한 총알 수는 제복 경찰 때와 언더커버 시절 모두 합치면 1000발은 가볍게 넘지.

언더커버 일에 대해서 자부심이 없었던 것은 아니지만, 때로는 이대로 이렇게 지내도 괜찮은 것일까 하는 생각도 조금 들었어. 하지만 여기서 그만두면 도망친다는 오점만 남을 뿐이라는 생각도 들고 혹은 하나의 큰 사건에 맞닥뜨려 잘 해결하면 어쩌면 형사가 될 수 있을지 모른다는 꿈도 있었지. 그런데 언더커버 일을 계속하면서 이 또한 헛

된 꿈이라는 사실을 깨달았어.

원래 언더커버는 고립되어 생활하지만 그래도 동료와 만나 술 한잔할 기회가 없는 것은 아니야. 그럴 때 언더커버 일에 대한 푸념을 종종 나눴지.

이런 일은 싫다. 이제 사람을 죽이고 싶지 않다⋯.

그런 속내를 들으면 나도 같은 기분이 들기도 했지만 그렇게 쉽게 그만둘 수는 없었어. 여기가 일본이든 미국이든 다른 도시였다면 언더커버 잠행 한 번으로 사건 하나만 해결해도 이 짓에서 벗어날 수 있지만 뉴욕시 경찰 언더커버는 한번 시작하면 끝이 없어. 사건끼리 복잡하게 얽혀 있고 하나가 해결된다고 해서 언더커버를 그만두어버리면 다른 사건과 관련된 언더커버를 위험에 빠뜨릴 가능성이 있거든. 더구나 뉴욕에서는 여하튼 언더커버가 늘 필요하다고 할 수 있기에 언더커버는 언제까지나 언더커버이길 요구받아.

그렇다고 해서 언더커버로부터의 탈출을 전혀 시도하지 못하는 것은 아니야. 마운티드 폴리스mounted police, 즉 기마경찰이 되겠다고 생각한 적이 한때 있었어. 기마경찰은 햇볕을 피하기 위해 선글라스를 쓰는 것이 허용되고 머리가 말 위 높은 곳에 있으니 얼굴이 알려질 염려도 적었고 게다가 난 말을 좋아했거든.

그런데 2년 전 사소한 일로 총탄을 맞았지.

어느 날 밤 연방마약단속국 수사관 두 명과 언더커버 동료와 함께 마약상에 대한 함정 수사를 하던 중 불시에 마약상과 수사관 사이에 총격전이 벌어졌어. 우리는 어디 숨어 있었으면 되는데, 흥분한 아일랜드계 동료가 총을 쏘며 나갔기 때문에 나까지 총격전에 가담하게 된 거야.

잠시 서로 총격전을 벌이고 도망가려는데 부츠 신발 안이 미끈미끈하다는 것을 깨닫고 벗어보니 왼쪽 발에서 피가 뿜어져 나오고 있었어. 유탄이 부츠를 관통한 것 같았지.

전치 6개월의 중상이었어. 전에 왼쪽 장딴지가 날아갔을 때는 상처가 더 컸지만, 후유증은 남지 않았고 허리에 맞았을 때도 완치되었거든. 하지만 왼쪽 발에 맞았을 때는 아킬레스건이 끊어져 결국 정상적으로 걸을 수 없게 되었어. 나는 이를 계기로 경찰을, 결과적으로 언더커버를 그만두기로 한 거야.

경찰을 사직하기로 했지만, 내가 할 수 있는 일은 그리 많지 않았어. 그 무렵에는 가라테 도장을 차리겠다는 꿈은 사라진 상태였거든. 경찰에서 가라테를 가르친 일도 도장을 열 때 '경력'이 되지 않을까 여겼기 때문이지만, 미국에서는 그런 식으로 사업하지 못한다는 것을 깨달았어. 사직한 경찰관은 목수나 미장이 같은 전문성이 없는 한, 역시나 범죄 주변에서 살아갈 수밖에 없어. 운 좋은 녀석은 사립 탐정이 될 것이고, 사립 탐정 면허도 없고 사무실도 없는 녀석은 체포영장이 나온 범인을 잡아주고 경찰한테 현상금을 받는 현상금 사냥꾼이 될지도 모르지.

나는 사무소를 차려 프라이빗 디텍티브private detective, 즉 사립 탐정이 되기로 했지만 정규 면허를 취득하기에는 경찰 근무 기간이 너무 짧았어. 그래서 면허가 있는 사람에게 돈을 주고 형식적으로 거기에 속해 일을 하게 되었지.

하지만 본격적으로 사립 탐정의 길로 들어서기 전에 아무래도 처리해두고 싶은 일이 있었어.

*

내가 앞에서 말할 때 뉴욕시 경찰은 출신 커뮤니티의 지지를 받아야 존재할 수 있다고 했잖아.

경찰관은 출신 커뮤니티와 경찰을 연결하는 매개자 역할을 하고 있어. 심하게 말해 이탈리아 경찰관은 이탈리아인 커뮤니티를 다른 인종으로부터 보호하기 위해 존재하는 거지. 뒤집어 생각하면 그러한 역할이 있으니까 경찰

안에 존재하는 것이 허용된다고 할 수 있어.

흔히 일본인은 무리를 짓는다고 하지만 다른 인종도 무리 짓고 싶어하는 것은 마찬가지야. 외로운 늑대는 영화 속 이야기일 뿐 경찰관도 모두 집단을 만들어. 그렇게 하지 않으면 살아남을 수가 없어. 미드타운에 이탈리아계 형사가 많은 것은 말할 것도 없이 이탈리아인 커뮤니티에 대응하기 위해서지만, 다른 경찰서에서 좌천돼 밀려난 이탈리아계를 계속 받아들였기 때문이기도 해. 범죄 드라마 「코작」에서 주인공인 형사 코작의 부하 중 이탈리아계가 많은 것은 결코 우연이 아니야. 뉴욕에서는 오히려 일본인이 지나칠 정도로 무리를 짓지 않는다고 할 수 있어.

그러고보니 제복을 입고 순찰하던 수습 시절에는 이런 일도 있었어.

아일랜드계인 동료가 "핫시는 짐하고 비슷하지 않아? 그래, 켄하고도 닮았어. 눈가는 조금 다르지만, 피부도 희고 우리 친구야"라며 서로 이런저런 이야기를 주고받는 거야. 결국 그들이 속한 인종 그룹에 들어오면 어떻겠냐고 넌지시 떠보는 것이었어. 확실히 들어가면 뭔가 편리한 점이 있었을지도 몰라. 승진시험 내용도 가르쳐주고 위험한 곳으로 발령 낼 것 같으면 보호받을 수도 있고. 하지만 그렇게 하면 일본인이라는 사실에 눈을 감고 녀석들의 눈치를 보면서 살아가야만 하잖아. 그렇게 가짜 아일랜드인으로 계속 살아갈 수는 없을 것 같았어. 그래서 어리석게도 일본인으로서의 힘든 길을 선택했지.

내가 언더커버로 발령 나기 직전에, 뉴욕에 있는 일본인 사회와 뉴욕시 경찰을 이어주는 전달자 역할을 하면서 활로를 찾으려고 한 적이 있었어. 경찰 본부의 '아시아과'라는 부서에서 혼자 '일본계'를 만들었어. 그런데 처음에는 책상이 괜찮은 장소에 있었는데 점점 구석으로 밀려나 결국 화장실 옆으로 배치됐어. 상담하러 오는 일본인이 거의 없었거든. 일본인의 무사안일주의가 원인이었다고 생각해. 어쨌든 그 때문에 뉴욕에서는 '일본계' 같은 것은 필요 없다고 판단하게 된 거야. 그래서 내가 언더커버로 쫓겨난 거고.

나는 그때의 실패가 마음에 깊이 남았어. 뉴욕에는 일본인 커뮤니티가 존재하지 않아. 뉴욕에 사는 일본인 대다수가 2, 3년 지나면 일본에 돌아가는 주재원이기 때문이지. 시 경찰에서 일본인인 내가 살아갈 자리를 못 잡은 것은 일본인 커뮤니티가 없었기 때문이지만, 동시에 커뮤니티가 없으므로 일본인이 다른 인종에게 표적이 되기도 했던 거야. 나는 어떻게든 뉴욕에 사는 일본인에게 커뮤니티의 구성원이라는 자각을 일깨우고, 나아가 일본인과 시 경찰을 연결해주고 싶었어.

그렇게 하려면 어떻게 해야 좋을까. 그것을 생각하다 어느 날 축제 이미지가 떠올랐어. 일본인에 의한 일본 축제. 그것도 흔하디흔한 축제가 아니라 시 경찰의 퍼레이드와 합쳐진!

뉴욕에는 일 년 내내 거리 어딘가에서 축제를 하고 있어. 이탈리아인, 중국인, 푸에르토리코인…. 그렇다면 일본 축제가 있어도 이상하지 않잖아. 게다가 시 경찰이 퍼레이드까지 하면 다른 인종의 예비 범죄자들도 이제는 일본인을 함부로 건드릴 수 없겠구나, 라고 생각하지 않겠어? 그냥 농담으로 하는 말이 아니야. 범죄자라도 어떤 일을 벌이면 어떤 보복이 있을까 머리 한쪽 구석에는 염두에 두고 있거든. 범죄자가 일본인을 노리는 것은, 무슨 짓을 해도 양지세계든 암흑세계든 어디에서도 보복당하지 않는다는 사실을 알고 있기 때문이야.

1990년은 마침 뉴욕과 도쿄가 자매결연을 맺은 지 30년째가 되는 해였어. 그것을 기념하여 축제를 개최하면 어떨까 생각했지. 어디 거리를 통째로 빌려 축제를 열고 시 경찰이 퍼레이드를 하면 어떨까.

그래서 우선 뉴욕시와 의논하니, 9월 2일 '일본의 날'에 47번가에서 개최하는 것이 어떠냐는 거야. 시 경찰도 솔깃

해하고. 문제는 돈을 조달하는 방법이었어. 뉴욕에 거주하는 일본인에게 이야기를 꺼내면 기본적인 내용은 찬성했지만, 적극적으로 지원해주지는 않았어. 최종적으로는 도쿄도청의 승인이 없으면 협력할 수 없다고 결론이 났어.

결국 나는 오랜만에 도쿄로 가서 도청과 교섭했지. 그런데 전혀 상대해주지 않더군. 웬 놈의 허세 짓 정도로 생각하는 것 같았어. 그 일로 몇 번이나 도쿄에 가서 정치가니, 재계 인사니, 막후 인물이니 하는 사람들을 찾아다녀야만 했어.

정말 거의 코미디였지. 예를 들어 도청에 영향력이 있을 법한 정치가를 소개받아 가면, 막후의 아무개에게 가서 인사를 하고 오라는 거야. 그래서 막후 아무개에게 가면, 야쿠자 부하 같은 남자가 나와 뭐야, 당신 인사도 없이 찾아와서, 라고 말해. 나도 지지 않고 무슨 헛소리냐 그래서 이렇게 제대로 인사하러 오지 않았느냐고 대답하니, 상대도 당혹해하면서 이상한 놈이 왔구나 하는 표정을 짓는 거야. 요지는 돈도 없이 왔냐는 것 같았지만, 그런 사정을 전혀 몰랐던 나는 인사만 하면 되나라고 생각한 거지. 하나를 보면 나머지도 알 수 있는 그런 형국이었어.

오랜만에 일본에 와서 경어 사용도 엉망이고 일본인의 독특한 완곡어법도 이해할 수 없었지. 명함 꺼내는 방법도 몰라서 밤에 호텔 거울 앞에 서서 가슴 주머니에서 명함 빨리 꺼내는 연습을 할 정도였거든. 얼마 전까지는 얼마나 빨리 총을 뺄지 연습하고 있었는데 지금은 명함 꺼내는 방법이라니 나 스스로도 너무 우스웠어.

*

열 번 가까이 뉴욕과 도쿄를 왕복했지만 결국 아무것도 되지 않았어. 도청의 승인은 받을 수 없었지. 관청의 협력도 얻을 수 없었어. 게다가 돈도 모이지 않더군. 그뿐만 아니라 뉴욕시에서 이야기한 47번가 거리도 주민의 동의를 얻지 못해 암초에 걸렸지.

그러던 사이, 발기인이나 후원자가 되기로 약속한 사람들이 떠나갔고 그중에는 다른 동료와 짜고 별도의 '일본의 날'을 하려는 놈도 있었어.

모든 게 꽉 막히고 옴짝달싹 못 하고 있을 때 페스티벌 프로덕션, 요컨대 마피아 식의 데키야*가 등장했어. "이봐, 아마추어가 아무리 축제하려고 발버둥 쳐도 무리야. 우리

---

*　축제나 장터 등 사람이 많이 모이는 곳에서 노점을 열어 장사하는 업자.

일본의 날

와 손잡으면 간단해"라고 하는 거야.

하지만 그렇게 간단히 그들과 함께 할 수는 없었어. 왜냐면 만일 페스티벌을 마피아계의 축제업자 손에 모두 맡기면 시 경찰이 참가하지 않을 게 뻔했거든. 하지만 그들 손을 잡지 않으면 아무것도 할 수 없었어. 그들과 함께하면 시 경찰의 퍼레이드는 하지 못하지만, 적어도 거리 축제만은 할 수 있었지.

어느 날 월스트리트와 가까운 곳에 있는 축제업자 사무실을 방문하니 자못 야쿠자 두목 같은 분위기가 나는 노인이 있어서, 이런 사정을 토로했어.

"과거, 조지 워싱턴이 독립전쟁을 할 때 이 주변에서 몸을 숨긴 적이 있었어. 그 사람은 이전에 영국군의 장교였는데 그때는 영국에 쫓기는 몸이었지. 마치 당신이 일본에서 왔는데 일본인이 상대해주지 않는 것처럼 말이야. 하지만 워싱턴은 미국 농민들의 힘을 빌려 영국군을 격파할 수 있었지. 우리도 당신에게 힘을 빌려줄 수 있어. 47번가가 안 되면, 이 근처 거리 허가를 받아 주고 돈도 융통할 수 있을 만큼 하면 돼. 단, 잊지 마. 아무리 일본 축제라 해도 우리 미국인이 도왔다는 것을."

묘하게 설득력이 있는 의견이었지. 그들도 나를 이용해서 돈벌이하려는 것은 알았지만 고립무원의 상황에서 유

일하게 내민 손이 그들이었어.

장고 끝에 그들과 손잡고 거리 축제만이라도 하기로 했어. 하지만 그 일도 모두 원활하게 진행된 것은 아니야. 한 번은 그들에게 주기로 약속한 돈을 모으지 못해 절망적인 상황에 빠지기도 했어. 기일까지 돈을 모으지 못하면 네 목숨이 위험하다고 위협당해, 돈을 준비하기 위해 필사적으로 여기저기 뛰어다녔는데 아이러니하게 그 돈 대부분을 마련해준 것도 결국은 미국 기업이야.

축제가 끝나고 생각한 것 중 하나는 역사는 변하지 않는 것인가 하는 의문이었어. 사실 9월 2일 '일본의 날'은 정확히 말하면 '대일 전승 기념일', 즉 일본이 완전히 패배한 날이잖아. 제2차 세계대전에서 미국에 진 일본이 전함 미주리호에서 무조건 항복 문서에 서명한 그날.

그와 비슷한 일이 이번 '일본의 날' 페스티벌에서도 일어난 거야. 일본으로부터의 원조는 없고 모두 미국인에게 의지한 채, 이쪽은 거의 권한도 갖지 못한 채 축제는 끝났지. 마치 무조건 항복한 미주리 호에서의 일본인처럼.

또 한 가지 나는 이 '일본의 날' 축제를 준비하면서 항상 일본의, 일본인의, 라는 의식을 계속 갖고 있었어. 그렇지만 해보니, 나는 어느 커뮤니티에도 속해 있지 않다는 사실을 깨달았지. 미국에서는 여전히 일본인이고, 일본에 가면 일종의 일본계 미국인일 수밖에 없다는 거야. 이것은 '이럴 리 없는데'라고 할 정도의 놀라움이었어.

내년은 어떻게 할 예정이냐고 자주 질문을 받는데 그것은 두말할 것도 없고, 질문할 가치도 없어. 반드시 해야지. 처음에 그린 '일본의 날' 행사를 할 수 있을 때까지 무조건 계속할 생각이야. 설사 몇 년이 걸려도. 그것은 나는 나, 다시 말해 핫시니까….

그의 본명은 하시모토 시게오다. 그런데 왜 핫시가 되었을까.

처음에는 하시모토를 중국인처럼 하시 모토라고 오해하고 하시라고 불렀다.

이윽고 경찰관이 되니, 저 녀석이 조용히 있을 때는 조심해, 아무 말도 하지 않을 때는 정말 뭔가를 하려고 하는 때야, 쉬, 내버려둬, 라는 말을 듣게 되었다고 한다. 조용히 하라는 뜻으로 '쉬'라고 할 때 미국은 핫슈*라고 해 그는 핫시로 불리게 되었다.

언더커버 시절에는 조직과 조직 사이를 연결하는 중개

*    hush의 일본어 표기.

역을 맡은 적도 있어 중개 역 일을 하면서 움직이는 돈을
'핫슈 마네'**라고 하는데 거기서 또 핫시라는 이름이 더
퍼지게 되었다.

이윽고 핫시라는 이름에 하나의 이미지가 형성되었다.
그것은 핫시는 어떤 상황에서도 끝까지 일을 해낸다는 이
미지다. 미국에서는 그것이야말로 살아가는 데 최고의 무
기가 될 것이다. 이 미국에서 자신이 살아가는 방식을 망
가뜨리면 죽은 것과 진배없다고 핫시는 생각한다. 그러니
까 하며, 그는 이렇게 말했다.
"앞으로도 미국에서 살아가려면, 역으로 어떻게든 일본
의 날을 성공시킬 수밖에 없어."

**    입막음 돈을 의미하는 hush money의 일본어 표기.

일본의 날

# 갤럭시

한 1년 전 일인데, 텔레비전으로 토요일 저녁 시사 프로그램을 보고 있었다. 신문 소개란에 이시하라 신타로*와 모리타 아키오**가 지은 『NO라고 할 수 있는 일본NOと 言える日本』을 영어로 번역한 사람은 누구인지, 이를 철저히 추적했다고 해서 흥미를 느껴 채널을 맞추었다.

프로그램은 이시하라 신타로가 미국 의회에 나돈 그 번역본은 불완전한 것이며 의도적인 오역과 생략으로 가득 차 있다고 비난하는 내용을 중심으로, 그럼 미국의 어느 기관이 어떤 인물에게 번역을 맡겼는지 추적해 밝히는 형식이었다. 워싱턴을 주요 무대로 한 취재과정은 스릴 넘쳤다. 처음에는 번역을 명령한 기관을 쉽게 특정하지 못하지

---

*　정치인이자 작가.

**　소니 그룹 창업자.

만, 마지막에 국방성 기자회견으로 사실의 일단이 공개되면서 마침내 번역 당사자까지 밝히게 됐다.

그 사람은 워싱턴에 거주하는 일본인이라고 한다. 어떤 흉흉한 인물이 나올까, 숨을 죽이고 지켜보고 있는데 지극히 평범한 중년 남성이 비쳤다. 얼굴을 보고 나는 무심코 소리 내어 중얼거렸다.

"뭐야, 다다히코 씨 아냐."


워싱턴 내셔널 공항에서 택시를 타고 20분. '갤럭시' 사무실에 들어가니, 그가 분주한 듯이 전화하고 있었다. 10년 만에 만났지만, 머리가 조금 빠졌을 뿐 이전과 거의 같은 모습이었다.

일이 일단락되자 그는 밖에 나가 맥주병을 들고 돌아왔다. 브랜드는 녹색 병에 담긴 롤링록이었다. 하지만 그걸 산 것은 특별히 보스턴의 사립 탐정 스펜서***가 즐겨 마셨기 때문이 아니라, 단지 한 병에 65센트로 가장 저렴하기 때문이라고 했다.

롤링록을 연달아 비우면서 우리는 아무도 없는 사무실에서 대화를 계속했다.


*** 로버트 B. 파커가 쓴 탐정 소설의 주인공.

"프로그램 보고 깜짝 놀랐어요."

"아, 그거, 사실 쭉 비밀을 지키기로 계약에 정해져 있었
어. 어디서 의뢰받고 누가 번역했는지 서로 누설하지 않기
로 했었거든. 한데 그 시점에 더 비밀로 할 필요가 없어졌나
봐. 펜타곤에서 공개해도 좋을지 문의하는 연락이 와서, 나
는 딱히 상관없으니까 괜찮다고 대답했더니 그렇게 됐어."

"어떻게 그 책 번역을 하게 된 거예요?"

"일로."

"단순히?"

"그래, 펜타곤에서 직원이 일본어도 알고 영어도 할 수
있는 회사를 찾아보니, 워싱턴에는 몇 개 없었던 거야."

"이시하라 씨는 일관해서 엉터리 번역이라고 하는데."

"그렇지 않아."

"번역할 때 사심이 전혀 없었어요?"

"다만 이런 마음은 있었는지 몰라. 일본인은 일본에서
일본어로 말하거나 쓰면 절대로 외국에 전달되지 않는다
고 안심하잖아. 하지만 이제 그런 시대가 아니거든. 일본
에서 말하고 쓴 것에 대해 확실히 책임을 져야 한다는 것
을 조금은 경고하고 싶었어."

"이시하라 씨 개인에게 특별한 감정은 없습니까?"

"그럼, 원래 그다지 좋아하지는 않았어. 나는 그와 같은 세대에 속하지만, 그가 쓴 『태양의 계절』* 세계는 추하다고 느꼈기 때문이야."

"그런 게 번역에 반영됐을 가능성은 없을까요."

"없어."

"텔레비전에 방영되고 곤란한 일은 없었어요?"

"마이너스보다 플러스 쪽이 컸던 것 같은데."

"무슨 말이에요?"

"미국에서는 여러 정보를 얻는 것도 기브 앤 테이크로 일방적으로 얻지 못해. 그 일을 하고, 아니 그 일을 했다는 사실이 알려져 의원과 그 참모를 만나는 게 훨씬 수월해졌어. 그쪽도 뭔가 정보를 얻을 수 있다고 여기는 것 같아."

"이시하라 씨 사무실에서 불만 사항이 접수되진 않았어요?"

"응, 오지 않았어."

"아무래도 올 것 같은데…."

"그와 관련해 일전에 재미있는 일이 있었어. 그뒤 이시하라 신타로가 미국에 와서 여러 의원과 만나거나 연설한

---

*     이시하라 신타로의 단편소설. 제2차 세계대전 후 젊은이의 방황과 도덕적 혼란을 묘사한 작품으로 태양족이라는 유행어를 낳았다.

갤럭시

것은 알고 있지?"

"알아요,"

"그때 일본에서 데려온 통역이 병에 걸렸는지 몸이 안 좋아 통역을 새로 구해야 했던 것 같아. 놀랍게도 이시하라 씨 비서가 통역을 구하려고 찾아온 곳이 우리 갤럭시였어."

"전에 일을 모르고?"

"물론. 우리 직원이 만나 나를 쓰는 쪽으로 이야기는 정리되었지만 일단 만나서 확실히 의사를 확인하고 싶어 만났거든. 그러자 비서가 내 얼굴을 보고 어디서 본 얼굴이라고 하는 거야. 그래서 실은, 하며 밝히니 역시나 거절했어."

"그야 당연하죠."

"뭐, 그렇겠지."

"하지만 어쩌면 영어로 번역한 책의 오류를 밝히는 연설을, 바로 그 번역자가 통역하는 코미디 같은 현실이 실제로 일어났을 수도 있었네요."

"그러게."

"만약 통역했으면, 제대로 했을까요?"

질문하니 그는 빙긋 웃으며 대답했다.

"그럼, 정확히 했지."


그날 밤 나는 그의 사무실 위층의 3층 방에 묵었다. 그는

4층에서, 그의 파트너인 미국 여성은 1층에서 잤다. 10년 전 미국을 떠돌다 찾아가 신세 졌을 때와 생활하는 모습은 조금도 바뀌지 않았다.

이대로라면 10년 후에 또 찾아가도 기분 좋게 재워주겠지. 30년 전 그의 부친이 매스컴에 쫓긴 야마구치 오토야* 부모에게 해준 것처럼….

1960년 야마구치 오토야가 아사누마 이네지로**를 칼로 암살하자, 언론이 그의 부모에게 몰려갔다. 그때 잠시 피신할 장소를 제공한 사람이 오토야의 부친과 구제 세이조 고등학교 동창이었던 그의 부친이었다. 도요코선*** 철로 주변에서 도쿄엔이라는 온천을 경영했던 그의 부모는 과거 엔카 가수 미하시 미치야가 무명 시절에 살았다고 하는 방에 오토야의 부친을 숨겨주었다. 내가 그와 알게 된 것은 야마구치 오토야에 관한 글을 쓴 인연 때문이었다.

깊은 밤, 나는 침대 속에서 만일 야마구치 오토야가 살아 있다면, 『NO라고 할 수 있는 일본』을 어떻게 읽었을지, 그리고 그 영역본을 어떻게 읽었을지 이리저리 생각해

---

*     일본의 우익 운동가.

**    정치가로 피살 당시 사회당 당수.

***   도쿄 시부야역에서 요코하마역을 연결하는 철도 노선.

보았다. 오토야가 격분한 것은 아사누마의 '미제국주의는 일·중 공동의 적'이라는 성명문 때문이었다.

시대는 변하면서 변하지 않고….

# 청춘

오전 9시, 스탠퍼드대학 구내에 있는 에릭의 집에 노크 소리가 들렸다. 에릭이 문을 여니 친구 데이브가 서 있다. 두 사람은 말없이 가볍게 손을 들어 인사했다.

데이브는 거실에서 에릭의 아버지가 신문 읽는 모습을 보고 말을 걸었다.

"안녕하세요!"

스탠퍼드대학 교수인 에릭의 아버지는 신문에서 천천히 고개를 들고 깊이 있는 목소리로 대답했다.

"안녕."

데이브는 인사만 하고 집 앞에 서 있는 짙은 감색 도요타 자동차 운전석으로 돌아왔다.

에릭은 먹다 남은 커피를 왼손에 들고 오른손으로 수건과 신발을 넣은 넵색 가방을 둘러메고 샌들을 신었다. 그의 집은 일본식으로 현관에서 신발을 신거나 벗는다.

"다녀오겠습니다."

에릭이 다소 독특한 어투의 일본어로 말했다.

"잘 다녀와."

에릭의 아버지도 같은 일본어로 대답했다. 그때 부엌 안쪽에서 에릭 어머니의 목소리가 들려왔다.

"점심은 어떻게 할 거야?"

일본어가 또렷하고 시원시원하다.

"필요 없어… 요."

그렇게 말하고 나서 에릭은 문을 닫고 데이브 차 맞은편 대각선 쪽에 주차된 하늘색 머큐리에 올라탔다. 그 차는 18년 전 에릭이 여섯 살 때 할머니가 산 것이다. 할머니가 동부로 돌아가면서 그의 집에 두었다. 한때는 그의 부모도 사용했지만, 에릭도 차가 필요해지면서 머큐리가 그의 전용차가 되었다. 외관은 지독히 낡았지만 타는 데는 지장이 없었다.


에릭의 머큐리와 데이브의 도요타는 텅 빈 스탠퍼드대학 구내 도로를 달렸다. 서부라고는 하지만 샌프란시스코와 가까운 스탠퍼드는 9월 중순이면 초가을 기운이 감돈다. 엷게 물든 나뭇잎 사이를 뚫고, 길가에 있는 집 잔디밭에 초가을 아침 햇살이 비쳤다. 거기에서 검은색, 회색 다

람쥐들이 긴 꼬리를 꼿꼿이 펴고 뛰어다녔다.

학교 구내에 인적이 드문 것은 아직 신학기가 시작하지 않았기 때문이다. 다음 주가 되면 자전거와 자동차를 탄 학생과 직원들로 붐빌 것이다. 그런데 구내에서 차를 달리는 에릭과 데이브는 지금 스탠퍼드대학 학생도 직원도 아니다. 올해 각각 대학을 졸업한 두 사람은 취직도 하지 않고 대학원에도 가지 않았다. 왜냐하면 그들에게 한 가지 공통 목적이 있었기 때문이다.


넓은 면적의 스탠퍼드 동북쪽에는 각종 스포츠 시설이 모여 있다. 테니스장, 수영장, 축구장, 육상 경기장, 농구, 배구 등의 구기 경기장 그리고 5~6만 명은 가볍게 들어갈 듯한 미식축구 경기장. 에릭과 데이브 두 사람은 그곳 한 모퉁이에 있는 '엔시나 짐'으로 불리는 큰 건물 앞에 차를 세우고 안으로 들어갔다.

데이브는 남성용 라커룸으로 사라지고 에릭은 그대로 건물 안으로 향했다. 안마당을 지나 독립 공간인 연습장 문을 여니, 거기에 두 개의 커다란 원 모양 매트가 깔려 있었다. 여기는 레슬링 훈련장이었다.

에릭은 훈련용 신발을 신고 매트 주위를 천천히 달리기 시작했다. 열 바퀴 정도 돌더니 다음에는 다리굽혀펴기를 했다. 그곳에 레슬링 유니폼 입은 데이브가 모습을 나타냈다. 그리고 말없이 달리기 시작했다. 에릭은 현재 체중이 90킬로그램에 가깝지만, 키가 180센티미터를 훌쩍 넘어 뚱뚱하다는 인상은 전혀 주지 않았다. 그렇기는커녕 단련된 근육으로 된 단단한 상반신은 주위를 압도하는 박력까지 느껴졌다. 게다가 라틴계 피를 이어받은 것은 아닌가 할 정도로 얼굴에 매력이 넘쳤다. 한편, 전형적인 독일계 얼굴을 한 데이브는 에릭보다 체형은 작지만 마찬가지로 몸이 탄탄했다.

높이 달린 창문으로 빛이 들어왔다. 햇빛이 흰 비닐 매트에 반사되면서 반짝반짝 빛났다. 두 사람은 아무 말도 하지 않고 체조하며 준비운동에 집중했다,

이윽고 두 사람은 원형 매트 가운데로 갔다. 낮은 자세로 머리를 맞대고 서로 팔을 잡았다. 잠시 후 데이브가 빠르게 몸을 낮추고 태클을 시도했다. 에릭은 거의 저항하지 않고 매트에 손을 붙이고 데이브는 뒤에서 잡았다. 마치 유도의 자유 대련처럼 정형화된 움직임처럼 보였다.

그 동작을 얼마간 계속하다 다음에 시계를 맞추고 본격적인 스파링에 들어갔다.

넓은 훈련장에는 두 사람밖에 없었다. 점점 거칠어지는 숨결과 새 지저귀는 소리밖에 들리지 않았다.

한 라운드가 끝날 때마다 흘리는 땀의 양이 늘어났다. 4라운드가 끝났을 때 에릭이 처음으로 말했다.

"한 번 더?"

데이브는 어깻숨을 몰아쉬면서 고개를 끄덕이고, 두 사람은 다시 원 가운데로 들어섰다.

스파링이 끝나자, 두 사람은 천장에 매달려 있는 굵은 로프를 내렸다. 높은 천장에 로프 세 개가 늘어졌다. 두 사람은 미끄러지지 않도록 손에 석회 가루를 묻히고 바닥에 궁둥이가 닿을 정도로 허리를 낮추더니, 팔만으로 단숨에 로프를 오르기 시작했다. 그리고 천장에 손을 대더니 다시 팔을 사용하여 내려왔다. 로프를 차례로 바꾸며 몇 차례나 되풀이했다….

말없이 훈련하는 두 사람을 보면서 나는 청춘영화의 한 장면을 보는 것 같은 착각에 빠졌다. 하지만 이것은 영화가 아니었다. 현실이었다. 그렇다면 이것은 청춘 그 자체였다. 사실 이 두 사람에게는 그야말로 '청춘의 꿈'으로 부를 만한 야망이 있었다.

*

레슬링 연습을 마친 에릭과 데이브는 각자 차를 타고 스탠퍼드대학을 뒤로했다. 곧 두 사람이 도착한 곳은 광대한 구릉지 입구였다. 언덕으로 이어지는 자갈길에는 나무로 된 문이 있고, 거기에 쇠사슬이 달린 자물쇠가 걸려 있었다. 데이브가 열쇠로 문을 열고 다시 차에 올라 자갈길을 달렸다. 얼마쯤 가니, 언덕 중턱에 산장 모양의 건물이 눈에 들어왔다. 그곳이 데이브가 사는 곳이었다.

스탠퍼드 출신의 젊은 부동산업자 땅으로, 데이브는 그 산장에 사는 대신 구릉지 관리를 맡고 있었다. 그가 이 일을 하는 것도 모두 '꿈' 때문이었다.

에릭과 데이브의 꿈. 그것은 2년 후 열리는 바르셀로나 올림픽에 미국 대표로 출전하는 것이었다.


두 사람은 고등학교 4학년 때 처음 만났다. 캘리포니아의 우수한 레슬링 선수가 모인 여름 캠프에서 그들은 세계 챔피언이며 뛰어난 코치인 슐츠의 눈에 띄었다. 그후 두 사람은 경쟁자이면서 동시에 친구로 지냈다.

에릭은 레슬링으로 명문이 난 아이오와대학에, 데이브는 인근의 스탠퍼드대학에 진학했다.

대학 시절 두 사람은 같은 체급에서 겨룬 적도 있지만, 차츰 체중을 달리하여 결국 에릭은 82킬로그램급에, 데이브는 74킬로그램급에 출전했다.

여름방학에는 둘이서 항상 여행을 떠났다. 3학년 때는 에릭의 어머니 나라인 일본에 갔다. 4학년 여름에는 레슬링 시합에 출전하면서 동유럽에서 남프랑스까지 일대를 여행하며 돌아다녔다. 저비용 여행으로 각 지역에 있는 대학에서 숙박했다.

그리고, 어느새 두 사람 모두 자유형 레슬링 선수로 미국에서 손꼽는 선수가 되었다.


두 사람은 졸업하면서 한 가지 중요한 선택을 했다. 바르셀로나 올림픽까지 레슬링을 계속해보자고. 그런데 문제는 선수생활을 계속하는 방법이었다. 대학을 졸업한 이상 이제 부모에게 신세를 질 수 없었다.

그때 한 가지 정보를 알게 됐다. 필라델피아의 대부호가 올림픽에 나가려는 레슬링 선수를 위하여 광대한 부지 안에 훈련 시설을 만들었다는 것이다. 거기에는 또 레슬링 선수가 생활할 수 있는 숙박시설도 준비돼 있다고 한다. 더구나 전임 코치는 그들이 존경하는 슐츠 씨가 맡는다.

두 사람은 초대받아 견학하러 갔다. 다녀와서, 두 사람의 선택은 나뉘었다. 에릭은 거기서 훈련에 전념하기로 했지만, 데이브는 스탠퍼드에서 훈련을 계속하기로 했다. 자신은 동부보다 서부생활에 적합하다고 생각했기 때문이다. 게다가 데이브는 조부의 유산으로 졸업할 때 1만3000달러를 받게 돼 있었다. 그 돈을 아껴 쓰면 1년 정도는 먹고 사는 데 지장이 없었다. 문제는 거주할 곳이었지만, 그것도 구릉지 관리인으로 해결했다.

그래서 올봄 에릭은 필라델피아로 가고, 데이브는 스탠퍼드에 남아 혼자 훈련하게 되었다.

여름이 되어 스탠퍼드에 있는 부모 집에 잠시 돌아온 에릭은, 여느 해 여름과 마찬가지로 데이브와 멕시코여행을 즐긴 뒤, 필라델피아로 돌아갈 때까지 둘이서만 훈련하며 지냈다. 하지만 훈련도 이날이 마지막이었다….


데이브가 사는 산장 뒤쪽에 베란다가 있었고 그 맞은편에는 커다란 물웅덩이와 같은 연못이 있었다.

"저 연못 개구리?"

내가 물으니, 두 사람은 한목소리로 대답했다.

"예!"

어젯밤, 데이브와 함께 에릭의 집에서 파에야를 먹는데 그들이 개구리 이야기를 꺼냈다. 며칠 전 산장에서 함께 사냥했다고 한다. 들어보니, 근처 연못의 개구리를 소총으로 사냥해 먹었다는 것이다. 제발 부탁인데 그런 거 먹지 말라고 에릭의 어머니는 아연실색한 듯이 말했지만, 나는 오히려 부러움을 느꼈다. 개구리 사냥을 하고 싶은 것은 아니었다.

데이브가 관리하는 이 구릉지는 숭고한 목적을 가진 그들의 '성역' 같았다. 이 성역에서 빛나는 청춘을 아무렇지도 않은 듯 살아가는 모습이 나는 너무 부러웠다. 나는 그 성역을 눈으로 직접 보고 싶어, 어젯밤 오늘 훈련이 끝나면 데려다달라고 부탁했다.

실제 거기에 무언가가 있다는 것도 아니지만 나에게는 꿈같은 장소로 여겨졌다. 아기 사슴이 숲에서 뛰어다니고 작은 새가 여기저기 나뭇가지에서 재잘거린다….

그곳에 돌연 대형차 한 대가 들어왔다. 산장 옆을 지나 언덕 위로 올라갔다. 데이브 말로는 이 땅 주인과 은행 간부 같다고 한다. 이곳은 머지않아 대지가 넓은 수십 채의 분양주택이 지어질 예정이었다. 거기에 필요한 융자를 받으려고 안내하는 듯하다는 것. 결국 데이브가 이 산장에 사는 기간도 개발이 시작되기 전까지였다.

두 사람에게 바르셀로나 대표가 결정되는 2년 후 6월까지가 조건 없이 살아가는 마지막 청춘 시기라고 할 수 있었다. 하지만 그것이 끝나면 어쩔 수 없이 현실과 마주해야 한다. 내 눈에는 구릉지를 천천히 돌아다니는 그 대형 차가, 머지않아 직면할 가혹한 현실로 두 사람을 데려갈, 미래에서 온 사자처럼 섬뜩했다.

*

샌프란시스코에 볼 일이 있는 데이브와 헤어지고 에릭과 나는 함께 점심을 하기로 했다.

"멕시코 요리 좋아하세요?"

고개를 끄덕이니, 에릭은 레드우드시티 쪽으로 차를 몰았다.

차 안에서 에릭에게 왜 레슬링을 시작했는지 물었다.

에릭은 동양 근대사를 연구하는 미국인 아버지와 미국에 유학온 일본인 어머니 사이에서 태어났는데, 부친의 연구 때문에 어린 시절부터 몇 차례나 미국과 일본을 오가야 했다. 첫 일본생활에서 그는 유도를 접했다. 근처 유치원에 들어갔더니, 거기에 유도 수업이 있었다. 그것이 계기가 돼 유도를 계속하면서 점점 격투기 그 자체를 좋아하게 되었다. 야구나 축구와 달리 모든 책임을 스스로 져야 한다는 점이 특히 마음에 들었다.

그런데 나중에 미국으로 돌아와 고등학교에 입학하니 유도부가 없었다. 복싱을 하고 싶었지만, 부모님이 찬성하지 않는다는 사실을 알고 있었다. 말하자면 맞지 않는 종목을 지워나가는 소거법으로 레슬링이 떠오른 것이다.

첫눈에 자신에게 적합한 스포츠라고 느꼈다. 레슬링은 특히 인내력이 필요한 스포츠인데 그 점만큼은 다른 미국 젊은이보다 훨씬 유리하다고 생각했기 때문이다. 어째서지? 내가 물으니, 에릭은 살짝 고개를 갸웃하며 말했다.

"반쯤 일본인 피가 섞여 있기 때문이 아닐까요?"


20분쯤 지나 에릭은 '로지타'라는 이름의 멕시칸 음식점 옆에 차를 세웠다. 창가 테이블에 앉아 기름에 튀기지 않은 커다란 춘권 모양의 부리토를 먹으면서 우리는 이야기를 나누었다.

미국 국가대표가 될 확률은 어느 정도인지 묻자, 에릭은 천연스럽게 말했다.

"반반 정도예요."

그 정도로 가능성이 있다고 생각지 않았던 나는 내심 놀랐다. 하지만 이야기를 듣고 '그렇구나'라고 느꼈다.

에릭이 목표로 하는 82킬로그램급에는 현재 다섯 명의 유력 선수가 있고, 누가 어느 대회에서 우승해도 이상하지 않을 정도로 실력이 백중세다. 하지만 그렇다고 확률이 5분의 1 즉 20퍼센트에 불과하냐 하면 그렇지는 않다고 한다. 레슬링이란 경기는 경험과 기술이 크게 좌우하는 종목이다. 그 때문에 많은 선수가 25, 26세 전후에 절정에 도달한다. 그리고 에릭과 데이브가 26세가 되는 해가 바로 2년 후다. 그렇다면 현재 절정에 오른 다른 몇 사람보다 조건이 매우 유리해진다.

특히 미국에서 82킬로그램급 대표가 되면 거의 세계 최고 수준에 도달하는 것이나 다름없다고 한다. 지난해 미국의 1등 선수가 올해 세계 선수권대회에서 2위를 차지했다. 요컨대 미국 대표가 되면 메달도 꿈이 아니다.

이러한 상황은 데이브가 노리는 74킬로그램급도 거의 같다고 한다.

그러면 두 사람 모두 바르셀로나행도 가능한 것일까.

"만일 크게 다치지 않고, 그때 절정에 오른다면…."

에릭은 그다지 호언장담하는 타입의 젊은이는 아니었지만, 상당한 자신감을 내비쳤다.

"하지만 앞으로 2년이나 긴장을 계속 유지해갈 수 있을까."

"문제없어요."

어떻게 그렇게 단정할 수 있는지 물으니, 에릭은 한마디로 답했다.

"데이브가 있잖아요."

나는 수긍하고 마지막으로 모두 끝나면 어떻게 할 생각인지 물었다.

"일본에 가려고요."

"일본에 가서 뭐 하려고?"

"잘 모르니까 뭔가 찾아보려고요…."

우리는 구운 고기와 아보카도를 넣은 푸짐한 부리토에 완전히 만족하고 '로지타'를 나왔다.

그날 밤, 내일 출발하려고 짐을 꾸리는 에릭의 방문을 두드렸다. 나는 그의 부모인 피터와 도우스 마사요* 부부의 친구로서 스탠퍼드 집에 머무르게 된 것이다.

커다란 스포츠 백으로 어질러진 방에 들어가, 한 가지 깜박 잊고 묻지 못한 게 있다며 나는 질문을 던졌다.

"만일 미국 대표가 되면 에릭, 너는 무엇을 얻지?"

당돌한 질문에 당혹해하는 것 같았지만, 조금 뒤 에릭은 한마디 한마디 천천히 발음하며 대답했다.

"미국에서… 최고가 되는 거죠."

나는 속으로 조금 더 다른 답을 기대했던 것 같다. 에릭

*    일본의 논픽션 작가.

의 말을 가슴속으로 되새기며 음미하고 있는데, 그가 덧붙였다.

"미국에서 1등은 제 일생에 지금까지 없었고 앞으로도 없겠지요. 제가 얻는 건 1등이 된다는 사실뿐이에요."

에릭은 오로지 이 꿈을 이루기 위해서만 앞으로 2년을 쓰려고 한다. 그에게는 '미국에서 최고'가 되는 것이 무엇보다도 더 소중했다. 그렇다면 올림픽에서 그의 소망도 메달이 아닐 듯했다.

"만일 올림픽에서 우승하면, 뭘 얻지?"

내 말에 에릭은 미소 지으며 입을 열었다

"세계에서…."

이어 나도 웃으면서 에릭과 한목소리로 말했다

"최고가 되는 거죠!"

그러고보니 그들은 '성역'에서 언젠가 함께 회사를 만들고 싶다는 꿈을 들은 적이 있다. 그것이 무척 어렵다는 점은 두 사람도 잘 알고 있는 것 같았지만, 이미 회사 이름만큼은 결정했다.

"ICHIBAN"

이렇게 일본어로 '이치반'이 그들이 꿈꾸는 회사 이름이었다.

# 혹시 복권에 당첨된다면

그날도 평소와 같은 하루였다.

정오 무렵 그는 여느 때처럼 시나가와구 에바라나카노
부에 자택에서 자동차를 끌고 나왔다. 도고시 나들목에서
수도고속도로 5호선을 타고 이케부쿠로 방면으로 달렸다.
늘 그랬듯 고코쿠지에서 고속도로를 빠져나와 하쿠산도리
길로 가려고 하는데 신호가 빨간불로 바뀌었다. 물론 이런
일도 가끔 생긴다. 신호 대기를 싫어하는 성격이라 신호에
걸리지 않으려고 하지만, 그렇다고 항상 성공하는 것은 아
니다. 더구나 여기서부터는 도시마구 스가모의 가게까지
가는 데 10분도 걸리지 않는다.

그가 도게누키지조* 뒤에 펫숍을 연 것은 지금으로부터
만 7년 전이었다. 자신이 펫숍 경영자가 되리라고는 그때

---

*    스가모에 있는 사찰 고간지의 통칭.

까지 생각한 적도 없었다. 지인인 금융업자가 담보로 잡은 펫숍 처리에 골치 아파하다 농담처럼 권리 매입을 권유했는데, 의외로 그것도 나쁘지 않은 것 같았다. 이제 슬슬 뭔가 일을 해야겠다고 생각하던 참이었다.

그는 도립 고등학교를 졸업한 후 대학에는 가지 않고 요리사 수업에 들어갔다. 부친의 본가가 긴자에서 복어 전문점을 한 것이 주요 원인이었지만, 어쨌든 공부에는 그다지 흥미가 없었다.

처음에 침식을 제공받는 수습 직원으로 들어간 가게는 닭 요리 전문집으로 선배들의 군기가 아주 셌다. 매일 아침 영업준비에 가장 늦게 온 사람은 업무상 제재를 받았다. 과중한 일을 시키는 것이 아니라 반대로 아무 일도 주지 않았다. 모두 바쁘게 일하고 있는데 혼자 벽 앞에 서 있어야만 했다. 그 때문에 숙소에 함께 있는 동료끼리 몰래 일어나 앞다퉈 서로 먼저 가려고 했다. 그는 이러한 상황을 참을 수 없었다.

거기서 나와 다른 식당에 들어가고 그러다 또 다른 식당에서 오라고 해 몇 개의 음식점을 전전하는 사이, 어느새 일식 요리사에서 양식 요리사로 바뀌었다.

30대 초에 고등학교 친구 소개로 미나토구 아오야마에 스낵바*를 낼 수 있었다. 먹고 마시는 그 가게의 경영은 순탄했는데 개점하고 5년째 되던 해, 부동산 업자가 땅을 매입하려고 찾아왔다. 처음에는 상대도 하지 않았지만, 몇 번 만나면서 이것도 좋은 기회일지 모른다는 생각이 들어, 거의 상대가 부르는 값에 넘기게 되었다. 아이들이 커갈수록 밤 장사를 하느라 생활패턴이 서로 어긋나는 게 싫었기 때문이다.

한동안은 가게를 판매한 돈으로 놀며 지냈지만, 조금씩 자신이 무너져가는 듯한 불안을 느꼈다. 낮에 하는 일로 전직하고자 한번 취직시험을 치러 갔지만, 학력도 자격도 없는 그가 나이 들어 회사에 근무하는 것은 쉽지 않다는 사실을 깨달았다. 그렇다고 다시 물장사의 세계로 돌아가고 싶지는 않았다. 펫숍을 인수하지 않겠느냐는 제안이 들어온 때가 바로 그 무렵이었다.

당연히 그에게는 지식도 경험도 없었다. 하지만 숙련된 종업원이 그대로 남는다는 조건을 제시해 과감히 매입하기로 했다. 그때부터 가게 경영에 대해 벼락치기로 공부하기 시작했는데, 실제 공부하면서 몇 가지 새로운 사실도 알게 되었다. 이를테면 이런 작은 펫숍은 판매 수입이 전

---

*    일반적으로 여성이 카운터 너머로 술이나 간단한 음식을 제공하는 소규모 주점.

체의 20, 30퍼센트에 불과하고 나머지 대부분은 미용이 차지한다는 것.

그래서 그는 차를 아우디로 바꿨다. '저희 가게는 미용하러 오실 때 밴이나 왜건 같은 차가 아니라 외제 차로 모시고 데려다드립니다'라며, 다른 가게와 약간 차별성을 두고자 했다. 또 사업상 과거처럼 펫숍이 좋았던 시기는 이미 지나가고 있다는 점도 깨달았다. 그것은 펫숍이 늘어나 포화 상태에 도달했기 때문이기도 하지만, 무엇보다 동물 미용사가 부족한 것이 큰 원인이었다. 과거에는 정말로 개가 좋아서 미용사를 한 사람이 많았지만, 최근에는 미용학교를 나왔으니까 해볼까 하는 사람이 많아졌다. 다행히 그의 가게는 열정 있는 미용사가 있어 경영은 그럭저럭 궤도에 올랐다.

그로부터 7년. 그도 가게에 온 손님들을 상대할 정도의 지식은 갖추었다. 하지만 이 일이 자신의 평생을 걸 만한 일이라고 느껴지지 않았다. 그래서 지금도 개 목욕 하나 제대로 시키지 못한다. 배우면 한 사람분의 인건비는 절약할 것이다. 하지만 그렇게 하면 가게에서 옴짝달싹할 수 없게 될까 두려운 마음이 들었다. 그렇게 생각했지만, 매일 아무런 변화 없이 여느 때처럼 하루하루가 지나갔다. 사치를 부리지 않으면 생활은 그런대로 꾸려갈 수 있고 아내와 자식도 자신 같은 사람에게 과분하다는 느낌마저 들었다. 따라서 이러한 하루하루에 불만은 없었다. 하지만….

그날, 여느 때와 마찬가지로 가게로 가는 도중 신호에 걸려 멈추자, 흰 지팡이를 든 소년들이 횡단보도를 건너고 있었다. 근처의 시각장애인 학교 학생들이 틀림없었다. 이 길로 집과 가게를 오가면서 자주 보는 풍경이었다. 그런데 건너가는 그들을 가만히 보면서, 왠지 모르게 여느 때와 다르다고 느꼈다. 자세히 보니 젊은이들이 그들의 손을 잡고 안내하고 있고, 안내받는 그들의 표정도 여느 때와 달리 밝았다. 흰 지팡이를 움켜쥔 손도 기분 탓인지 부드러워 보였다. 시각장애인 학생을 보조하는 젊은이들은 지나가는 통행인으로 보이지 않았다. 가족일까 아니면 자원봉사자일까.

신호가 파란불로 바뀌고 브레이크에서 엑셀로 발을 옮겨 밟으면서 그는 속으로 중얼거렸다.

"저것도 괜찮은데…."

그때 불현듯 복권이 떠올랐다.

그는 오랫동안 물장사의 세계에 있었지만, 자신은 전혀 술을 입에 대지 않았다. 낙이라고 하면 고등학교 친구와

정기적으로 탁자에 둘러앉아 마작하는 정도였다. 하지만 그때도 자신이 있는 곳을 반드시 집에 알려두었다. 정말이지 건달처럼 지냈던 고등학교 시절을 아는 친구들 입장에서는 의외라고 여길 정도로 가정적인 아버지가 되었다. 마작을 빼면 그가 하는 노름은 열 장씩 사는 복권뿐이다. 물론 당첨된 적도 없고, 당첨될 거라고 생각하지도 않는다. 그렇지만 무심코 사게 된다.

만일 복권에 당첨된다면, 하고 그는 상상했다.

상금은 그대로 은행에 예금하고 이자로 생활한다. 그리고 매일 저 학생들의 손을 잡고 안내해준다….

문득 정신이 들며 그는 자신이 그렇게 생각하는 데 놀랐다. 하지만 그 비현실적인 꿈은 깜짝 놀랄 만큼 생생했다.

그리고 또 한편에서는 이러한 생각이 싹트기 시작했다.

아니, 설사 당첨되지 않더라도….

# 내 이름은

미국의 칼럼니스트인 밥 그린은 이노우에 가즈마의 번역으로 소개되어 일본에서도 좋아하는 사람이 많다.

인기의 비결로 명쾌한 문장과 낮은 눈높이가 꼽히는 것 같다. 다른 많은 칼럼니스트가 어딘가 높은 지점에서 바라보듯 발언하는 데 비해, 그는 명백히 평균적인 미국인 시각에서 벗어나려 하지 않는다. 그것은 통속과 거의 종이 한 장 차이지만 평균적인 미국인이라는 점에 대한 신앙에 가까운 자신감 때문에, 가까스로 독자적인 것으로 인정받을 수 있었다. 그리고 평균적인 미국인 입장에서 그가 쓴 글이 현대 일본인에게 거부감 없이 받아들여지는 주된 이유는 거기서 다루는 소재가 미국인뿐만 아니라 일본인에게도 친근하기 때문이다.

특히 소재가 음악이나 영화나 스포츠의 대중문화 스타일 때 뚜렷하다. 엘비스 프레슬리, 브루스 스프링스틴, 더

스틴 호프먼, 무하마드 알리, 피트 로즈….

일전에 밥 그린의 번역자 중 다른 한 사람인 기쿠야 교스케가 옮긴 『아메리칸 타임ｱﾒﾘｶﾝ・ﾀｲﾑ』을 읽다가 「마돈나, 너무 싫어ﾏﾄﾞﾝﾅ、大嫌い」라는 칼럼에 눈길이 갔다.

시카고 교외에 사는 젊은 여성이 있다. 그녀는 경건한 가톨릭 신자다. 이름은 마돈나. 이제까지 자신의 이름을 매우 좋아했는데 최근에는 곤혹스러운 일이 많아졌다. 물론 그것은 모두 도발적인 속옷풍의 옷을 입은 채 무대에 오르고 신을 모독하는 듯한 노래를 태연하게 부르는 그 마돈나가 출현하고 나서의 일이다. 시카고의 마돈나에 따르면 모르는 남성에게 이름이 소개되면 갑자기 노골적인 흥미를 보이면서 상대가 마돈나의 「라이크 어 버진Like a virgin」에 빗대 '당신은 정말 순수한가요'라고 말한다는 것이다.


"그래도 마돈나라면 괜찮지 않나요?"
그는 말했다.
"병원에서 차례를 기다려도 분명히, 다음 마돈나 씨라고 부르지는 않을 테니까요. 미스 케네디나 미스 존슨으로 끝나겠죠."
아마도 그럴 것이다.

"그런데 저는 성이거든요. 어딜 가도 마구 불러요. 그때마다 주위 시선이 한꺼번에 쏠려요."

현재 30대의 회사원인 그도, 시카고의 마돈나와 마찬가지로 어느 시점까지는 자기 이름에 아무런 문제가 없었다. 이상하다고 생각한 적도 없었고, 싫다고 느낀 적도 없었다. 그런데 10년 전쯤 검은 안대를 한 이상한 탤런트가 등장하고 나서 모든 것이 바뀌었다. 그 탤런트 혼자 네 나라 사람이 마작하는 장면을 연기하거나 데라야마 슈지*와 이구아나 흉내를 내는 특이한 예능으로 텔레비전에 자주 등장했다. 그는 자신의 이름을 밝히는 게 점점 더 힘들어졌다. 그렇다, 그의 성은 '다모리'**다.

예를 들면 거래처에 전화한다. 사무직 여성이 전화를 받는다. 용건을 말한 뒤 이름을 묻는 순간이 다가온다.

"실례지만 성함이 어떻게 되세요?"

"다모리라고 합니다만…."

"예?"

"다모리라고 합니다."

"야모리 씨요?"

---

*　극작가.

**　희극 배우. 본명은 모리타 가즈요시.

"아니, 다모리입니다."

"다무라 씨라고요?"

"다. 모. 리.입니다."

그러자 잠시 침묵이 흐르고 억지로 참으며 웃는 소리가 들려온다.

"그렇습니다, 단보의 다에 아오모리의 모리입니다."

"아아, 다모리 씨세요."

이름 하나에 이렇게 많은 절차가 필요하다.

또 다른 예를 들면 구청에 필요한 서류를 떼러 갈 때다.

"다모리 씨."

순서가 되어서 이름을 부르면 의자에 앉아 있는 사람들이 일제히 얼굴을 든다. 이런 곳에 설마 그 다모리가 온다고는 생각지 않지만, 그런 이름을 가진 사람이 어떤 얼굴인지 궁금한 모양이다. 그가 자리에서 일어나면, 슬쩍 보고 다시 바로 시선을 거둔다….

다만 전에는 사람들 앞에서 이름이 불리면 부끄러워서 움츠러들었지만, 최근에는 다른 사람이 어떻게 반응하는지 바라볼 수 있는 여유가 생겼다고 한다. 그렇게 된 이유 중 하나는 그가 다모리와 동일한 이름이라는 사실에 익숙해진 점도 있는 것 같고, 다모리의 예능이 이제 그다지 극단적이지 않아 널리 인기를 얻고 있는 탓도 있을 것이다.

익숙해지다보니 이름을 댈 때 묘한 표정을 짓는 사람에게 대응하는 방법도 몇 가지 생겼다.

"본명은 모리타라고 하는데 웃기려고 앞뒤를 바꿨어요."

혹은 이렇게 말하기도 한다.

"모리가 무라였다면 좋았을 텐데."

그의 전체 이름은 다모리 마사카즈라고 한다. 모리를 무라로 바꾸면 다무라 마사카즈가 된다. 확실히 '다모리'와 '다무라 마사카즈'*는 상당히 다르다. 하지만 그의 이야기를 듣고 나는 이렇게 말했다.

"아니, 오히려 모리가 좋지 않을까요. 다무라 마사카즈라고 불렀을 때, 댁이 일어서거나 하면…."

다모리 마사카즈는 쓴웃음을 지으며 고개를 끄덕였다.

시카고의 마돈나는 가수 마돈나의 인기가 떨어지기를 바란다고 한다. 하지만 홋카이도 출신의 다모리는 딱히 규슈 출신인 다모리의 인기가 떨어지기를 원하지는 않는다고 한다.

"다만, 한 번만 다모리 씨를 만나보고 싶어요."

* 　일본의 유명 배우.

만나면 어떻게 할지 물었다.

"다모리입니다, 하고 인사하고 싶어요."

# 수첩

'섣달그믐날 밤「홍백가합전」*을 볼까'라고 나는 생각한다.

아마도 채널은 맞추고 있겠지만, 결국은 여느 해나 마찬가지로 화면에는 가끔 눈길만 주면서 뭔가 다른 일을 할 듯하다. 누구에게 대접할 것도 아니지만 설날을 맞아 약간의 음식을 만들지도 모른다. 어쩌면 그동안 쌓인 집안일을 할지도 모른다. 하지만 무엇을 하든「홍백가합전」이 끝나고「가는 해 오는 해ゆく年くる年」가 시작할 무렵에는 아마 올해도 수첩 정리를 하게 될 것이다.

책상에 올해 수첩을 꺼내고 사다놓은 내년도 수첩을 꺼낸다. 어느 쪽이나 양면에 한 달 계획을 기입하는 평범한

*  NHK에서 매년 12월 31일 방영하는 가요프로그램.

수첩이다. 그것이 일본생산성본부가 발행하는 '이그제큐티브 퍼스널 스케줄'이라는 이름의 수첩이라는 사실은 거의 최근까지도 몰랐다. 얼마 전 지인이 어디서 나온 수첩이냐고 물어, 새삼스레 판권장을 보고 알았다. 특별히 생산성이나 능률을 위해 고른 것은 아니다. 그냥 두께가 얇고 색깔이 몇 가지 있어서 지난해와 다른 색으로 바꿀 수 있는 점이 좋아 애용할 뿐이다.

올해는 회색이어서 내년은 감색으로 했다. 섣달그믐날 밤 올해 수첩에서 내년도 수첩에 필요한 사항을 옮겨 적는다. 은행 예금 계좌번호와 지인의 생일, 또는 이미 확정된 1월의 일정 등. 그리고 마지막으로 올해 수첩 뒤 포켓에 끼워져 있는 한 장의 종이를 꺼낸다. 거기에는 다음과 같은 글과 함께 몇 사람의 남성 이름과 연락처가 기재되어 있다.


"제 신상에 만일 무슨 일이 발생할 경우, 아래 기재된 곳으로 연락해주시기를 바랍니다."


이렇게 정리한 종이를 수첩에 끼워두는 습관은 대학 마지막 졸업 연도부터 시작되었다. 방송국 취업이 결정되었을 때, 부모와 떨어져 멀리 가는 자신의 마음을 다지고 활기를 불어넣기 위해 쓰기로 했다. 만일 자신에게 위급한 일이 일어나면, 가령 교통사고가 나서 크게 다치기라도 하면 도호쿠 지방에 사는 부모에게 연락하면 제때 조치하지 못하는 일도 틀림없이 생길 것이다. 그러한 때를 대비하여 몇몇 친구의 이름을 적어두기로 했다. 그런데 그 일에는 남자인 친구 쪽이 나아 보였다. 설사 아무리 친하더라도 여자 친구들은 말없이 필요한 조치만을 취해줄 것 같지 않았다.

그로부터 20년, 브라운관에 나오는 일을 하다 뒷전으로 밀려났지만, 섣달그믐날 비상 연락처를 적어두는 습관은 여전하다. 물론 그 행위가 지니는 절실함도 사라지고 거기에 적는 남성 이름도 달라졌지만….

연락처에 적는 남성이 특별히 연인인 것도 아니다. 무엇보다도 어떤 일이 발생했을 때, 쓸데없는 소리 않고 필요한 대책을 세워줄 만한 사람인지가 중요했다. 다행히 지금까지 그 종이가 도움이 되었던 적은 없다. 긴급사태에 처한 적이 없었기 때문이다.

한 번 이런 적은 있었다. 몇 년 전 일하다 돌연 몸에 이상이 생겼다. 간신히 집에는 돌아왔지만, 고통 때문에 침대에서 일어나지 못했다. 그래서 수첩에 끼워넣은 종이 맨 앞에 쓰여 있는 남성에게 전화했다. 내가 어지간한 일로는 약한 소리를 하지 않는다는 사실을 아는 그는, 불필요한 말은 일절 하지 말고 거기에 가만히 있으라고 명령하듯 말하더니, 집까지 달려와 병원에 데려다주었다. 병은 별것 아니었지만, 내가 원한 대로 그가 행동을 취해주어 고마웠다.

그런데 올해 섣달그믐날 밤도 나는 이름을 옮겨 쓰면서 잠시 망설였다. 상대 남성은 자신의 이름이 이러한 곳에 적힌다는 사실을 알지도 못한다. 양해를 구할 만한 일도 아니고, 양해를 얻어야만 기재할 수 있는 사람이라면 긴급한 상황에서 도움 될 리도 없다. 하지만 이름을 옮겨 쓰려고 할 때 이렇게 적는 것이 이미 그 사람에게 폐가 되지 않는지 생각하게 된다. 여성만큼 흔하지는 않지만, 남성도 신변의 변화는 있다. 유사시 연락이 가면, 일단 무언가 조치는 취해주겠지만 그것이 민폐가 될지 모른다. 이번에 그의 이름은 빼는 게 좋지 않을까…. 그렇게 해서 지금까지 몇 사람의 이름을 바꿨다.

내년 섣달그믐날에도 고쳐 쓰게 될까.

그렇다고, 내년에도 다시 하게 될까 염려하는 것은 아니다.

혼자 사는 여성이 섣달그믐날 밤, 만일의 경우를 대비

하기 위하여 남성의 이름과 연락처를 옮겨 적는다. 어쩌면 사람에 따라서는 그것을 쓸쓸하다고 여길지 모른다. 하지만 그러한 행위는 도시에서 혼자 살아가기 위한, 사회에 대한 최소한의 예의 같은 느낌도 든다. 따라서 적는 일, 적어야 하는 상황에 있는 사실을 부끄러워하지 않는다. 오히려 걱정은 쓸 필요가 없어지는 것이다.

지금, 내 눈앞에 함께 살지 않겠느냐는 남성이 나타나 망설이고 있다. 오랫동안 혼자 살면서 편안함을 느낀 터라, 누군가와 사는 일에 이상하게 압박감을 느낀다. 하지만 결국 그와 살게 될 듯하다. 나도 역시 버팀목을 원하고 있고 그는 무난하게 버팀목이 되어줄 것 같기 때문이다.

그렇게 되면 다음 섣달그믐날부터는 다시 수첩을 고쳐 쓸 필요가 없게 된다. 하지만 남자친구의 연락처가 적힌 종이를 앞에 두고, 너는 이번에 2번에서 3번으로 해버릴 거야, 라든지 이제 너는 다른 팀으로 이적시켰다니까 등을 중얼거리며 옮겨 적는 즐거움을 맛볼 수 없는 것은, 뭔가 매우 쓸쓸한 것처럼 느껴지기도 한다…

수첩

# 철탑을 오르는 남자

예전에 '지하철 만담'이라는 우스갯소리가 인기를 얻은 적이 있다. 부부가 콤비를 이루어 보케 역*의 남편이 "지하철의 전철은 도대체 어디서 철길로 들어오는 걸까"라고 물으면 쑷코미 역**의 부인은 말문이 막혀 대답하지 못한다. 기본적으로는 단지 그러한 내용의 반복에 불과하지만, 보케 역인 남편의 감칠맛 나는 질문과 잠깐이긴 해도 그러고 보니 지하철 회사는 차량을 어떻게 선로까지 끌고 오는 것일까 생각하게 하는 의외성이 독특한 웃음을 자아냈다.

어느 날 밤 나는 롯폰기에서 이구라 방면으로 걷다가 문득 '지하철 만담'의 남편처럼 의문이 생겼다. 바로 정면에 보이는 도쿄타워의 꼭대기에서 반짝반짝 켜졌다가 꺼지기

---

*　만담에서 엉뚱한 말과 바보 같은 행동을 하는 역할.

**　보케의 행동을 꾸짖거나 지적하는 역할.

를 반복하는 저 빨간 등은 전구가 나가면 누가 갈아 끼울까, 라고.

"그 전구는 우리가 교환합니다. 항공장애등이라고 비행기가 충돌하지 않도록 단 것인데 구조는 붉은색 강화유리 안에 500와트 전구가 두 개 들어 있을 뿐이에요. 그 전구를 배낭에 넣고 꼭대기까지 올라가 교체합니다. 하지만 전구가 나간다고 바로 갈아 끼우는 것은 아닙니다. 꼭대기에는 각 민영 방송사와 NHK의 안테나가 설치되어 있습니다. 거기에 혹시라도 사고가 발생하면 큰일이거든요. 그래서 1년에 한 번 안테나를 점검할 때 바꾸는 겁니다.

도쿄타워는 높이 150미터 지점에 대전망대, 250미터 지점에 특별 전망대가 있어 그곳까지는 엘리베이터로 올라갑니다. 그러나 거기서부터는 오직 손과 발로 올라가야 합니다. 일정 구간까지는 계단이 있지만 그 다음엔 바로 수직으로 된 사다리를 타고 올라가야만 합니다. 그리고 NHK 안테나가 있는 313미터 지점부터는 사다리마저 없습니다. 항공장애등이 있는 333미터 지점까지 가기 위해서는 삼각자 형태로 구부러진 파이프 모양의 안테나를 기어 올라가야 합니다. 물론 구명줄 같은 것도 몸에 매지 않습니다. 구명줄을 매면 방해가 돼 오를 수 없기 때문입니다.

철탑을 오르는 남자

그렇다고 우리가 고소 작업을 전문으로 하는 비계공도 아닙니다. 방송용 안테나의 유지보수를 담당하는 후루카와전기공업의 보통 사원에 불과해요. 저도 철탑에 오를 생각으로 이 회사에 들어온 것은 아닙니다. 배치된 곳이 우연히 안테나 담당 부서였을 뿐이에요. 이런 우리가 왜 그런 높은 데까지 올라가는가 하면 비계공에게 맡길 수 없기 때문입니다. 안테나 상태는 전문가인 우리가 직접 봐야 알 수 있고 엉뚱한 곳에 발을 디뎌 파손이라도 되면 큰일이니까요.

무섭지 않으냐고 물으면 뭐라고 답하기가 어렵습니다. 공포심은 개인차가 있는데 다만 저는 어떤 이유에서인지 처음부터 철탑에 오르는 일이 두렵지 않았습니다. 최초로 오른 곳은 니가타현의 다카다 철탑으로 높이가 70미터 정도 돼요. 처음 하는 일이라 밑에서 기다리라고 했는데, 밑에서 할 일이 없어서 그렇다면 올라가보는 쪽이 낫겠다 싶어 함께 올라가 작업을 도왔어요. 그후 잠깐 쉰 적은 있지만 계속 철탑에 오르고 있습니다. 지난 20여 년간 전국 각지의 철탑을 올라다녔는데 횟수로 따지면 1000번은 넘을 것 같아요.

제가 오르는 방법은 이렇습니다. 10미터 오르면 20~30초 쉬고, 또 10미터 오르면 20~30초 쉽니다. 쉬지 않으면 위에 올라가 작업하지 못하고, 너무 쉬면 올라갈 수 없어요. 이 조화가 중요합니다. 목적지에 도착하면 튼튼한 곳에 밧줄을 걸고 그것을 허리 안전띠에 고리로 단단히 연결해, 두 손을 마음대로 쓸 수 있게 한 다음 작업에 들어갑니다. 처음에는 안전띠를 해도 좀처럼 손을 떼고 작업하지 못합니다. 10번 정도 올라야 겨우 안심하고 조금 자유롭게 손을 쓸 수 있을 정도가 될까요.

도쿄타워는 방송이 끝난 심야에 올라갑니다. 강한 전파가 흐르면 위험하기 때문이죠. 물론 약한 전파도 위험은 있습니다. 예를 들면 약한 전파라도 전파가 흐르는 안테나를 잡으면 손바닥은 아무렇지도 않은데, 안에 있는 뼈가 지지직 타는 것처럼 뜨거워집니다. 그것을 우리는 '고주파 화상'이라고 부릅니다. 전자레인지 안에 손을 집어넣는 것과 비슷해요.

야간작업은 겨울철이라 춥고 힘들지만, 공포심은 낮보다는 적은 것 같습니다. 밤에도 탑 밑으로 시내의 등불이 보이지만 지평선 저편까지 보이는 낮과는 두려움의 정도가 달라요. 개중에는 올라간 후 다리가 얼어붙어 내려오지 못하는 사람도 있어요. 그럴 때는 바로 밑에 붙어 함께 한 칸씩 내려옵니다. 자기 밑에 누군가가 있으면 공포심이 덜한 것 같거든요.

철탑을 오르는 남자

철탑에 오를 때는 주의해야 할 점이 여러 가지 있는데, 그중 첫 번째가 소변입니다. 한번 위에 오르면 몇 시간이나 내려오지 못해요. 오르기 전에는 수분 섭취를 자제합니다. 그렇게 해도 추우면 소변이 마려울 때가 있어요. 비닐봉지가 필수품입니다. 위에서 바로 소변을 봐도 밑에서 모를 것 같다고들 하지만, 이상하게도 오줌은 안개처럼 흩어지지 않습니다. 방울이 되어 떨어져요. 그래서 바로 소변을 볼 수 없습니다.

이 일도 후계자가 양성되지 않아서 문제예요. 지금까지 큰 사고는 없었지만, 그래도 위험이 따르는 일이에요. 원격지에서 근무하기도 하고 근무시간이 뒤바뀌어 밤에 일할 때도 있습니다. 그런데도 급여체계는 다른 직종과 같아요. 노동조합과 협약을 맺어 '고소 수당'이 있지만, 그 액수도 4시간에 겨우 200엔에 불과해요. 젊은 사람들이 도저히 받아들일 수 없는 일이죠.

하지만 저는 앞으로도 계속 오르려고 합니다. 지금은 관리직이 되어 철탑에 오르지 않아도 되지만, 올라가 직접 두 눈으로 안테나 상태를 확인해야 대책을 세우기도 쉽고, 수고를 덜 수 있습니다. 게다가 차로 출퇴근하고 있어, 철탑에라도 오르지 않으면 몸이 둔해져요. 이것도 상당히 운동이 됩니다. 그래서 저는 아마 60세 정년까지 계속 올라갈 것 같아요…."

깊은 밤, 도쿄타워를 쳐다보고 만일 항공장애등이 깜빡이지 않으면 그것은 후루카와전기공업 안테나 부문의 누군가가 333미터 지점에서 전구를 바꾸는, 1년에 한 번밖에 없는 밤일 것이다.

눈을 부릅뜨고 바라보면 철탑 꼭대기에 매달려 작업하는 그들의 모습이 어쩌면 보일지도 모른다. 하지만 그런 광경을 보아도 여전히 나는 그것이 실제 현실이라는 사실을 믿을 수 없을 것 같다. 그렇지 않은가. 한밤중에 그런 곳까지 배낭을 메고 올라가 전구를 갈다니….

# 핫라인

혼자 사는 젊은이가 있다. 그 혹은 그녀가 사는 곳은 다다미 넉 장 반 크기의 다세대 주택 방일지도 모르고, 원룸일지도 모른다. 하지만 주거 형태는 달라도 방에 돌아가면 자기 손으로 등을 켜야 하는 것만은 같다.

밤이 되어, 그 또는 그녀가 학교나 회사에서 집으로 돌아온다. 아마도 저녁은 밖에서 때우고 왔을 것이다. 겨울이라면 난방을 틀고 텔레비전 스위치를 켠다. 그러나 어느 채널도 흥미 있는 프로그램을 방영하지 않는다. 비디오도 깜박 잊고 빌려오지 않았고, 방에 어지러이 널려 있는 주간지도 모두 읽어버렸다. 책갈피가 끼워진 채 있는 문고본이나 단행본을 들쳐보고 싶은 마음도 생기지 않는다. 텔레비전을 켜둔 채 멍하니 시간을 보낸다. 이렇게 밤이 깊어만 간다.

불현듯 전화하고 싶다. 누군가와 가볍게 이야기를 나누

고 싶다. 하지만 누구에게 걸면 좋을까. 이 시간에 전화해서 가볍게 이야기할 만한 상대가 있다면, 지금 이러고 있지도 않을 것이다….

나도 그러한 나날을 보냈던 시절이 있다. 벌써 상당한 시간이 흘러 얼마 뒤면 20년이 된다. 당시는 비디오 빌려보기 같은 편리한 수단도 없었지만, 있었다고 한들 홀로 사는 쓸쓸한 생활에 큰 변화가 있었을 것 같지도 않다.

한데 당시 혼자 사는 젊은이 중 몇 사람은 그러한 적막한 감정이 밀려올 때 어느 라디오 심야 프로그램에 전화를 걸었다. 남녀 각각 1명씩 2명의 진행자가 이 프로그램을 맡아 젊은 청취자의 전화에 번갈아 응대했다.

당연한 이야기지만 그 프로그램에는 젊은이의 고민을 듣고 상담하는 내용이 많았다. 가정, 학교, 연애, 진로, 직장…. 동성애자 선생님이 좋아해 힘들다는 중학생이 전화한다. 또는 도벽이 있는 남자친구와 교제하는 것을 고민하는 소녀가 전화를 걸어온다. 그런가 하면 자신의 용모를 비웃는 세상에 복수하고 싶다는 젊은 여성의 전화도 있다. 하지만 이렇다고 해서 특별히 인생을 상담하는 프로그램도 아니었다. 젊은이가 말하고 진행자가 듣는다. 기본적으로 그런 프로그램이었다. 하지만 그런 프로그램이 당시 젊은이에게는 매우 소중했다.

핫라인

예를 들면 이런 식이었다.

"여보세요, 안녕하세요."

공중전화에서 거는 듯한 젊은 남자의 목소리가 들린다.

"예, 여보세요."

수화기 맞은편에서 차분한 목소리로 여성이 응답한다.

"왠지 기운이 없어요."

젊은 남자가 말한다.

"왜 무슨 일 있어요?"

여성이 묻는다.

"오늘로 사나흘째 아무하고도 말을 못 했어요. 여기에 전화하면 누군가와 말할 수 있을 것 같아서요. 그래서 걸어봤습니다."

"왜 말하지 않았어요?"

"저어, 도쿄에서 하숙하는데요. 친구가 아무도 없어요. 그래서 말을 못 했어요."

"학교에 가서는요."

"학교에 가도요. 1학년 때는 말하는 아이들이 있었는데, 아르바이트 같은 거 하느라 친구를 제대로 사귀지 못했어요. 그랬더니 다들 사이가 멀어져 이젠 말하고 싶어도 모두 끼리끼리 어울려요. 오늘도 뭐 좀 먹으려고 '이거 주세요' 라고 한 게 전부입니다."

“그게 다라고요? 그럼, 그러다 혼잣말하게 되지 않아
요.”

“예, 이제 왠지 제가 이상한 것 같아요. 주변에 라디오밖
에 없어요. 라디오에서 무언가 쉬지 않고 시끌시끌 떠드는
걸 들으며, 나는 멍하니 있고….”

“정말, 학생 같은 사람이 전화해주기 바랐어요. 학교에
서 기분 안 좋은 일이 있었다거나 밥맛이 없었다거나 뭐든
지 상관없어요. 그런 게 가장 살아 있다는 느낌이 드는 순
간 아닐까요. 하루 내내 한마디도 하지 않다니, 그런 비인
간적인 일 이제 안 했으면 좋겠네.”

“그러게요.”

“한데, 도쿄에 그런 사람이 많겠죠.”

“그럴 것 같아요.”

“어때요, 그러니까 속에 말하고 싶은 게 잔뜩 쌓여 있
겠죠.”

“쌓여 있어요, 틀림없습니다. 그래서 누가 잠깐 말이라
도 걸어오면 더 필사적으로 되는 거죠.”

“하하하. 그래도 전혀 기죽지 않고 노이로제 같은 것도
안 걸리고, 괜찮은 것 같아서 다행이네요. 이렇게 말도 하
고.”

“그렇지도 않아요. 하지만 스무 살이나 돼서, 그런 거 하

나하나 일일이 슬프다, 외롭다, 하며 울면 한이 없잖아요."

"하지만 역시나 소극적인 성격도 있잖아요. 어떻게 스트레스 풀면 좋은지 모를 것 같은 사람."

"있습니다."

"그런 사람이 나한테 전화하면 좋겠어요. 평소 못한 말, 여기서 '악' 하며 뱉어내고 말이죠."

"좋네요. 그게 더 재미있겠어요. 하루를 잘 마무리할 수 있어 좋고요."

"그렇죠. 정말 다행이에요, 오늘 이렇게 전화해서. 그럼, 학생도 오늘 큰 목소리로 '악' 하고 소리 질러볼래요?"

"아니에요, 이제 실컷 이야기해서 괜찮아요,"

"오늘 할 말은 이걸로 됐어요?"

"예, 이제 됐어요."


이 프로그램을 「청춘 핫라인」이라고 불렀다. 백악관과 크렘린을 연결하는 '핫라인'과는 비교할 수 없지만, 이 프로그램도 역시 마찬가지로 이 세상에 존재하는 일종의 '위기'를 회피할 목적이라는 점은 다르지 않았다.

20년 전의 라디오 프로그램인 「청춘 핫라인」에는 전화를 건 청취자와 전화받는 진행자 사이에 이런 대화도 있었다.

“…”

소년이 전화기에서 흐느낀다.

“무슨 일 있어? 여보세요?”

간사이 사투리를 쓰는 남자가 부드러운 어조로 말을 거니, 잠시 뒤에 소년의 입이 겨우 열린다.

“일을 시작한 지 2년 됐는데, 저도 역시 학교에 진학하고 싶었어요. 다른 애들과 같이, 고등학교에. 하지만 우리 집, 학교에 갈 돈이 없어서, 그래서 일해야 한다고 하는 거예요. 진학한 녀석들이 부럽기도 하고 밉기도 해요. 지금도 2년이나 지났는데 억울해서 견딜 수가 없어요.”

“억울해? 너 지금 일하잖아. 얼마나 받아?”

“1만 5000엔이요.”

“어떤 일 하는데?”

“식당 일이에요.”

“식당이야. 음, 장래성이 있네. 뭔가 만들겠네.”

“예….”

“그럼, 장래성은 있잖아. 1만 5000엔은 전부 집에 주나?”

“아니요. 절반 정도.”

“밤에는 몇 시까지 일하지?”

“대체로 열한 시까지요.”

"자는 시간은?"

"한 시나 두 시쯤요."

"아침엔 몇 시에 일어나?"

"여섯 시쯤요."

"지금, 나이는 몇 살이지?"

"열일곱 살."

"열일곱 살이라…. 저기 있잖아, 열한 시부터 한 시까지 뭐 하지?"

"딱히 아무것도…. "

"공부해, 억울하면 공부해. 저기 나도 말이야, 열여섯 살 때 1년 만에 그만뒀어. 고등학교를."

"왜 그만두었어요."

"너랑 마찬가지 이유지."

"그럴 리 없어요."

"왜 그렇지 않다고 단정하지. 나는 선원이 돼서 집에 송금했어. 하지만 나는 욕심이 있었어. 나는 공부했어. '억울해 억울해' 생각만 하고 일생을 마치면 억울한 거 거짓말이야. 억울하면 해야지. 그렇지, 아냐?"

"예…."

"있지. 학교가, 고등학교가 전부는 아니야. 지금 세상은. 그렇잖아?"

“모르겠어요, 저는.”

“그럼 내가 말해줄게. 관계없다고. 너에게 의지가 있다면 관계없어. 너는 의지가 있는 것 같아. 분한 마음을 가지고 있잖아. 열일곱 살이지, 뭐가 되고 싶어? 꿈은?”

“꿈 같은 거 없어요. 이제.”

“응석 부리지 마!”

“응석 같은 거 부리지 않아요. 누구한테도.”

“꿈 같은 거 없다고 말해도, 누가 동정이나 할 것 같아?”

“…”

“정말 그렇겠지, 그렇지?”

“…아무래도 상관없어, 이런 식으로 되어버렸어요.”

“안 돼 안 돼, 그러면. 그렇잖아, 이봐, 바로 네 인생이잖아.”

“예….”

“네 마음에 따라 무엇이든 될 수 있어. 오기로라도 해봐. 응? 남자잖아.”

“예….”

“있지, 할 수 있어. 울 수 있는 사람이잖아. 억울해서. 할 수 있을 거야. 그렇지, 응?”

“예….”

“그래, 잘 자.”

핫라인

"예… 감사합니다."

하지만 아무리 인기 있는 프로그램이고 내가 유심히 들었다고 해서 20년 전의 일을 이렇게 또렷하게 재현할 수는 없다. 거기에는 물론 사연이 있다.

어느 때인가 프로그램의 인기를 눈여겨본 편집자가 녹음테이프를 토대로 한 권의 책을 내려고 생각했다. 그리고 녹음을 글로 옮겨 적는 작업을 갓 대학을 졸업하고 르포라이터 수습 따위 일을 하던 나에게 의뢰했다. 나는 좋아하는 프로그램이기도 해서 매우 의욕이 넘쳐 친구들을 동원해서 서둘러 테이프를 풀었다. 하지만 책이 완성되고 아르바이트비를 수표로 받은 뒤, 편집자로부터 돌연 수표를 돌려달라는 전화가 왔다. 프로그램 연출가가 자기 몫이 너무 적다고 불평을 해 결국 나한테까지 여파가 미친 것 같았다.

영문도 모른 채 수표를 되돌려준 나는 그후 끝내 동전 한 푼 받지 못하고, 비참하게도 나에게 남은 것이라곤 친구들에게 주어야 할 아르바이트비 빌린 돈과 몇십 개의 녹음테이프뿐이었다.

지금이야 돈도 안 받고 일하면서 누구에게 어떻게 불만을 토로해야 할지도 모른 채 결국 울면서 잠자리에 들었던 자신을 미소지으며 바라보지만, 그때는 어찌할 바 몰라 한 번은 진지하게 그 프로그램에 전화해볼까, 생각할 정도였다. "아르바이트했지만 돈을 받지 못했습니다"라고.

그건 그렇고 당시 그 '핫라인'에 전화했던 젊은이들은 지금 어떻게 하루하루를 보내고 있을까. 마흔 살 가까이 됐을 그 대학생은 뱃속에 할 말이 쌓이는 일은 이제 없을까. 진학하지 못해 억울하다고 울던 소년은 원하는 인생을 개척해나갔을까. 그리고 지금도 여전히 있을 '핫라인'을 필요로 하는 젊은이들은 도대체 어디서 어떤 전화를 하고 있을까. 악명 높은 '다이얼 Q2'*에 전화해 잠시 우정과 위안을 얻는 것일까. 그렇지 않으면 나 같은 사람은 상상도 못 하는 곳에 전화해 '위기'를 회피하고 있는 것일까….

*　2014년에 폐지된 정보 제공 서비스의 일종으로 일본전신전화가 정보 사용료를 전화 요금으로 징수했다.

# 또 하나의 핫라인

홋카이도에서 편지가 왔다. 발신인의 주소는 '후루비라 군 후루비라초 오아자 하마초 아자 초페탄'이다. 지도를 펼쳐 확인해보니 후루비라는 샤코탄반도에 있었다.

발신인인 여성과는 몇 번 만난 적이 있다. 지난해 3월 대학을 졸업할 때까지 도쿄에 살았기 때문이다.

그녀는 대학 국문과를 졸업하자 국어 교사로 홋카이도로 건너갔다. 부임한 곳은 도립 고등학교였다. 태어난 곳은 간토니까 고향으로 돌아간 것은 아니다.

지난해 여름 도쿄로 돌아왔을 때는 부임한 고등학교 학생과 사는 지역에 대해 활기찬 어조로 대화했다.

그녀의 동료 교사가 어느 학생의 가정환경 조사표를 보고 감동한 적이 있다.

"부친의 직업: 어부."

물론 여기에 특이 사항은 없다. 하지만 이어지는 부친의
직장 난에 이렇게 적혀 있었다는 것이다.


"직장: 동해."


"나는 이러한 고장에서 살고 있구나 생각하면 즐거워져
요"라고 동료 교사는 말했다.

하지만 겨울 홋카이도에서 온 편지에는 이러한 구절이
있었다.

"내가 살던 다세대 주택도 철거되고 마침내 내가 도쿄에
살았던 발자취가 하나도 남지 않고 사라져버린 것 같습니
다. 요즘 초조해하는 자신을 향해 미소 짓듯이 흰 눈이 내
리고 있습니다."

어쩌면 그녀도 은밀하게 SOS를 보내고 있는지 모른다.

텔레비전에서 홋카이도 시레토코반도에 유빙이 접근했
다는 뉴스가 나오고 얼마 되지 않은 어느 날 밤, 나는 지역
번호 0135인 그녀의 집에 전화를 걸어보기로 했다.


"안녕하세요."

"예…."

"안녕, 오랜만이네."


또 하나의 핫라인

“아아! 안녕하세요!”

“잘 지내요?”

“예. 한데, 깜짝 놀랐어요!”

“어떻게 지내나 해서.”

“그럭저럭 지내고 있어요.”

“눈이 오나요.”

“폭설이에요.”

“폭설이라고?”

“조금 전까지 눈을 치웠어요.”

“이런 밤 중에?”

“눈을 치우지 않으면 집 안에 못 들어가거든요.”

“그 정도야.”

“아침에도 눈을 치우지 않으면 밖에 나갈 수 없고….”

“지금도 내려?”

“내려요.”

“그래. 창밖이 하얗게 보이나?”

“보이지 않아요. 아주 캄캄해요.”

“어째서?”

“유키가코이를 하니까요.

“유키가코이?”

“저도 몰랐는데 여기는 겨울이 되면 창에 판자를 붙여

요. 지붕에서 눈이 떨어질 때 지붕 처마에 달린 고드름이 유리를 깨트리거나 쌓인 눈에 눌려 망가지는 것을 방지하기 위해 하는 것 같아요. 그래서 아침이 돼도 집안은 캄캄해요."

"재미있어?"

"예?"

"그렇게 많은 눈에 둘러싸여 있으니."

"처음에는 즐거웠어요. 주위에선 눈을 보고 좋아하는 건 당신하고 개밖에 없다며 웃었어요. 하지만 이렇게 많이 내리면 또 일이구나 하죠."

"춥지 않아?"

"의외로 그렇지는 않아요. 홋카이도는 눈이 내릴 때는 따뜻하다고 해요."

"지금 사는 곳은 공영주택이지, 면적은 어느 정도야."

"방 세 개에 주방과 식당이 있고 월세는 7000엔이에요."

"그거 훌륭하네."

"도쿄에서 세 들어 살던 다세대 주택이 다다미 여섯 장 크기, 방 한 개에 4만 엔이었으니까."

"욕실은 있어."

"없어요."

"대중목욕탕에 가야 하나?"

"그렇죠. 저처럼 욕실이 없는 집에 사는 선생님 차로 함께 가요."

"목욕하고 나면 춥지 않아?"

"그건 괜찮은데 점점 귀찮아져요."

"피곤한 몸으로 집에 오면 하기 싫겠네."

"아, 귀찮다. 눈에다 머리나 박고 씻을까 그런 생각도…."

"하하하."

"정말이에요. 농담 아니에요."

"선생 일은 할 만해?"

"요즘 자신이 없어져요. 교사가 내 적성에 안 맞나 하는 생각도 들고."

"왜?"

"내가 흥미 있어 하는 것을 그저 학생에게 강요하는 건 아닌가 해서요."

"그게 뭐 어때서. 흥미 있어 하는 게 있다는 것 자체가 좋은 거지. 슬픈 건 그런 걸 잃어버렸을 때야. 선생이 흥미를 보이면 분명 몇 학생은 관심을 보일걸."

"게다가 학교 규칙이나 관습에 얽매여 생각한 것의 몇 분의 일도 하지 못하고."

"그렇게 조급해할 필요는 없잖아."

"그럴까요."

“그럼.”

“하지만 결심했어요. 3년 뒤에 그만두기로.”

“왜.”

“실제 어떨지는 잘 모르겠지만, 그렇게 마음먹으면 무슨 일이든 대담하게 할 수 있지 않을까 해서요.”

“그럼 적어도 앞으로 2년은 홋카이도에 있는 거네.”

“예.”

“앞으로 두 번은 그 눈을 경험하겠어.”

“정말 불가사의해요.”

“뭐가?”

“평소엔 매일매일 일상에 쫓겨 그런 건 생각도 하지 않는데, 문득 나를 돌아보면 홋카이도에 있는 거예요. 그것이 왠지 정말 불가사의해요.”

우리는 그뒤 몇 십 분간 이야기를 나누었는데, 유키가코이 안에 있는 초보 고등학교 교사는 마지막으로 왠지 조금 기운을 되찾았다며 밝은 목소리로 말했다. 그 말을 듣고 이 전화가 미흡하지만 ‘핫라인’의 기능을 완수한 것 같아 나도 기분이 좋아져서 말했다. 그럼, 내일도 눈 열심히 치워요, 라고.

또 하나의 핫라인

# 사막의 눈

3년 전 도쿄 가마타에 사는 혼다 고이치 씨는 이라크 바그다드에서 보낸 한 장의 사진을 받았다.

사진은 네 명의 남자가 진지한 눈빛으로 한 곳을 응시하는 장면을 찍은 것이었다.

가운데 앉은 사람은 콧수염을 기른 이라크인, 오른쪽 옆은 튀니지인, 왼쪽 옆은 모로코인 그리고 그의 왼편에 콧수염을 기른 혼다 씨가 있었다. 이라크인과 튀니지인과 모로코인과 일본인. 국적도 얼굴 생김새도 다르지만, 그들에게는 공동 관심사가 있었다.

가운데 앉은 남자가 손에 칼을 쥐고 대나무 펜을 깎는다. 그를 둘러싸고 세 명의 남자가 깎는 모습을 응시하고 있다.

대나무 펜은 일종의 붓이다. 여기에 먹을 묻혀 종이에 글씨를 쓴다. 그것도 보통 글씨가 아니라 미술품으로 손색이 없는 글씨를.

그들 네 명 모두 서예가다. 하지만 그들이 쓰는 것은 한자도 아니고 가나 문자도 아니다. 아라비아 문자다.

중국과 일본에 서예가 예술로 있는 것처럼, 문자가 있으면 반드시 아름다움을 추구하는 서예가 있기 마련이다. 일본에서는 '지렁이가 기어다니는 것 같다'라고 흔히 말하는 아라비아 문자도, 중동과 북아프리카 각 지역에서 사용되면서 '하트 아라비' 즉 아라비아어 서도를 전문으로 하는 서예가들이 세련되게 다듬어, 일곱 개의 대표적인 서체가 탄생했다.

이라크의 쿠파에서 고안된 쿠피체, 해서처럼 정자형인 나스히체, 곡선의 움직임에 힘이 있는 술루스체, 오스만 튀르크 시대에 고안된 루카체, 초서풍의 디와니체, 한층 장식성이 강한 잘리 디와니체, 페르시아인이 고안한 파르시체가 그것이다.

아라비아어 서예는 붓을 스스로 만드는 데서 시작한다. 중국이나 일본과 달리 모필을 쓰지 않고 대나무나 갈대를 비스듬히 잘라 뾰족한 끝을 줄 같은 것으로 깎아 먹을 묻혀 쓴다. 종이는 번지지 않도록 표면이 매끈매끈한 것을 고른다. 과거에는 이러한 고급 종이가 없었기 때문에 표면에 달걀흰자를 바르고 석영의 일종인 마노로 갈아서 썼다고 한다.

원래 아라비아어 서예는 신성한 글, 즉 코란의 글을 어떻게 써야 할지 고민하는 가운데 발달했다고 여겨진다. 서예가는 코란과 고전의 시가에서 가져온 글을 어떠한 서체로 어떻게 균형 있게 써나갈지 고심한다. 하지만 글을 다 써도 그것으로 끝나지 않는다. 또 그 주위를 아라베스크 무늬로 장식하는 작업이 남아 있기 때문이다. 이렇게 해서 완성된 아라비아어는 서예와 회화가 결합한 지극히 아름다운 미술품이 된다.


혼다 씨에게 보낸 사진이 촬영된 장소는 바그다드의 고층 호텔 로비였다.

3년 전 이라크에서 '세계 아라비아어 서예·이슬람 장식 문양 페스티벌'이라는 전람회가 개최되어, 전 세계 아라비아 문자 서예가들이 한자리에 모였다. 일본에서는 혼다 씨가 초대되었다.

당시는 이라크와 이란이 전쟁 중인 시기로 바그다드도 이란의 미사일 공격을 받았다. 그 때문에 이라크 정부의 초대를 받았지만, 혼다 씨는 전람회가 열릴지 마지막까지 반신반의했다. 하지만, 중지한다는 통지가 오지 않아 이라크에 가보니 바그다드는 예상과 달리 평온했다.

　전람회가 열리는 '사담 예술센터'에는 전 세계 188명의 서예가가 쓴 531개의 작품이 전시되어 있었다. 혼다 씨는 코란에 나오는 한 구절과 오마르 하이얌*의 사행시 『루바이야트』 중 한 편을 써서 출품했다.

　　"지나간 시절을 번민하지 마라.
　　아직 오지 않은 날을 너무 생각하지 마라.
　　지금 이 순간의 기쁨을 잡아라….."


　페스티벌 기간 중 혼다 씨는 많은 서예가를 알게 되었다. 머지않아 사사하게 될 튀르키예 최고의 서예가 하산 첼레비, 또 이 분야에 정통하려면 40년이나 걸린다고 말한 고령의 아프가니스탄 서예가 아지즈 딘. 그리고 이라크의 젊은 서예가 중 1인자로 지목되는 압바스 샤키르 주디도 그중 한 사람이었다.

　압바스는 참가자가 머무는 호텔 로비에서 펜 만드는 법을 공개했다. 펜 만드는 법, 특히 깎는 방법은 서예가들에게 비밀 사항의 하나인데, 압바스는 그것을 각국의 서예가들 앞에서 선보였다. 서예가들은 그의 손끝을 뚫어지게 응

---

*　중세 페르시아 수학자·천문학자·시인.

사막의 눈

시했다. 그 모습이 사진에 찍혀, 압바스가 그것을 받아서 다시 혼다 씨에게 보내준 것이다.

사진에 찍힌 네 명은 모두 아라비아 문자 서예가다. 물론 이란이나 모로코, 튀니지 모두 아라비아어권 국가다. 그들이 아라비아 문자 서예가가 된 것은 조금도 이상하지 않다. 하지만 일본인인 혼다 씨가 왜 일본에서 최초로, 그리고 지금도 여전히 유일하게 존재하는 아라비아 문자 서예가가 되었을까. 거기에는 『아라비안 나이트』의 신드바드처럼 파란만장하지는 않더라도 아라비아를 돌아다닌 한 젊은이의 편력과 모험의 이야기가 있다.

*

혼다 씨가 대학에 진학할 때 도쿄외국어대학 아라비아어과를 고른 것은 특별히 이렇다 할 이유가 있었던 것은 아니다. 고등학교 다닐 때 유라쿠초에서 본 영화 「아라비아의 로렌스」에 감동하긴 했지만, 기본적으로는 그 역시 대부분의 고등학생과 마찬가지로 '별생각 없이' 선택했다. 하지만 어학을 공부하는 것 자체에 갈등은 없었다. 어쩌면 그것은 메이지 시대에 정부의 통역 일을 했다는 조부의 피가 영향을 끼쳤는지도 모른다.

어쨌든 입학은 할 수 있었지만, 아라비아어는 상상 이상으로 힘들었다. 때는 1960년대 후반. 공부가 벅차 악전고투하는데, 대학은 분쟁으로 흔들리기 시작했다.

혼다 씨는 아무리 해도 도저히 전공투全共闘*의 주장을 이해할 수 없었다. 학내의 개별 요구가 어느새 해결 불능의 추상적인 큰 문제로 바뀌었다. 수업 거부 및 동맹 휴학에 돌입하고 바리케이드가 쳐졌다. 그는 이런 상황에서는 일단 학원 봉쇄를 푸는 것이 먼저라고 생각했다. 그는 무당파無党派 학생들이 만든 '클래스 연합' 활동에 참여했지만, 4학년이 되어 졸업이 가까워지면서 그것이 단지 취직을 위한 것이었다는 사실에 실망했다. 실제로 친구들은 잇따라 상사 같은 데 취직해, 개중에는 노골적으로 '이것으로 30년은 안심이다'라고 말하는 사람도 있었다. 혼다 씨는 그러한 생각도 이해할 수 없었다.

그는 자신이 뭐 하나 잡은 게 없다는 생각이 들었다. 아라비아어 공부도 제대로 하지 못했다. 그렇다고 특별히 자신은 앞으로 평생 이것을 해나가겠다고 스스로 납득할 만한 무언가가 있는 것도 아니었다. 그는 생계를 꾸리는 것보다 자기를 실현할 수 있는 '무엇인가'를 하고 싶었다. 그

* 1960년대 후반 전국 대학에서 결성된 학생 조직.

것을 찾지 못한 채 취직하기는 싫었다. 하지만 진학하려고 해도 아라비아어과에는 대학원이 없어, 어중간한 상태로 졸업해야 했다.

일단, 그는 가나가와현 즈시시 본가에서 아라비아어 공부를 계속하기로 했다. 우선 단어를 외우려고 두꺼운 사전을 마지막 페이지부터 통째로 암기해나간다는 다소 허황된 일부터 시작했다. 암기 작업이 절반쯤 진행되었을 때, 문득 이런 일보다 더 중요한 것이 있다는 생각이 들었다. 자신은, 아니 인간은 이 세상에 아름다운 것을 만들기 위해 태어난 게 아닐까. 적어도 어학을 숙달하기보다 그쪽이 훨씬 더 중요하지 않을까….

기껏 사 모은 아라비아어 관련 서적을 간다의 헌책방에 헐값으로 넘기고, 그는 요코하마 도쓰카구의 변두리 헌 집을 빌려 혼자만의 생활을 시작했다.

그것은 마치 세상을 등지고 살았던 도인 같은 생활이었다. 석간신문을 배달해 최소한의 생활비만 벌고, 나머지는 책을 읽고, 음악을 듣고, 사색에 빠져 새벽까지 보냈다.

가능하면 미야자와 겐지처럼 우주적인 시야로 작품을 쓰고 싶었지만 아무리 발버둥 쳐도 하지 못했다. 자신에게 실제 체험이 부족하기 때문은 아닐까. 이렇게 느낀 그는 어떻게든 '아름다운 것'과 관련되면서도 현실적으로 살아

가는 길은 없는지 고민했다. 가구 직공이 되려고 한 적도
있고 클래식 기타를 본격적으로 배워보려고 한 적도 있다.
하지만 아무리 고민해도 실제 한 발도 내딛지 못한 채, 다
른 사람에게 우스꽝스럽고 비참하게 비칠지 모르나 자기
나름대로는 아주 진지한 생활을 그저 일관되게 계속했다.

　　대학을 졸업하고 4년째 되던 해의 일이었다. 오랜만에
집에 돌아온 그는, 언제까지 빈둥거리면서 지낼 거냐고 책
망하는 부친과 격하게 말다툼을 벌이다 얼떨결에 주먹을
휘둘렀다. 하지만 바로 깊은 후회의 마음이 밀려왔다. 그
리고 생각했다. 부모님을 위해서라도 잠시나마 '착실하게'
살아볼까라고. 하지만 결단을 내리게 된 것은 일종의 자기
방어 본능이었는지도 모른다. 셋집에서의 홀로살이는 스
스로 자신을 '감옥'에 가두고 생활하는 것과 같아, 실제 더
이상 계속하면 정신의 균형이 무너질지 모르는 위험성이
있었기 때문이다.
　　그래서 신문의 구인란에서 본 도쿄도 교바시의 수산 회
사 취직시험을 보았더니, 싱거우리만큼 간단히 합격했다.
하지만 입사 후 일주일 만에 근무하기 어렵다는 사실을 깨
달았다. 암담한 기분으로 사표를 내고 기분 전환 삼아 책
이라도 살까 해서 긴자 뒷골목을 걷고 있는데, 대학 아라

비아어과 후배와 딱 마주쳤다. 후배는 혼다 씨가 회사를
막 그만두었다는 사실을 알고 눈을 반짝이며 말했다.

"마침 아라비아어 통역을 찾고 있던 참이에요."

듣자 하니, 일본의 측량 회사가 사우디아라비아의 지도
제작을 수주해 현지에 프로젝트팀을 파견하는데, 앞으로
몇 명의 통역이 필요하다고 했다.

"함께 가지 않을래요?"

권유받은 혼다 씨의 마음은 두근거렸다. 하지만 아라비
아어를 멀리한 지 상당한 시간이 흘렀다. 그게 아니라도
통역은 할 수 있을 것 같지 않았다. 그가 이렇게 말하자, 후
배는 염려 붙들어 매라는 투로 말했다.

"몸만 건강하면 괜찮아요."

옛말로 하면 육 척 남짓한 대장부인 혼다 씨는 몸에는 자
신이 있었다. 더구나 이제 그 '감옥' 같은 생활로 돌아가고
싶지 않았다.

"한번 해볼까…."

이 한마디가 그후 혼다 씨가 아랍에서 몇 년에 걸쳐 생
활하게 되는 첫 단추가 되었다.

*

혼다 씨가 우연한 일로 사우디아라비아 지도 제작팀에 참여한 것은 1973년 초여름이었다. 하지만 실제로 일행이 일본에서 출발한 시기는 9월쯤이었는데 뜨거운 여름을 피해 가을부터 봄까지 10개월간 작업하기 위해서였다.

일행은 레바논의 베이루트에서 사우디아라비아의 수도 리야드로 들어가, 사막을 가로질러 요르단 국경 부근의 북부로 향했다. 인원은 측량 기사와 통역으로 구성된 일본 쪽 열 명에, 현지에서 고용한 운전사와 요리사를 더해 족히 20명은 넘는 대가족 같았다.

프로젝트팀의 주요 임무는 비행기에서 찍은 항공사진을 기반으로 우물의 위치를 확인하고 언덕과 건천인 와디의 지명을 수집하는 것이었다. 항공사진은 '스테레오 사진'이라고 불렀는데, 특수 안경을 쓰면 입체적으로 나타났다. 약간 높은 언덕은 위로 솟아 있고 계곡 사이에 있는 와디는 아래 깊이 있는 것처럼 보였다. 일행이 사막에 베이스캠프를 설치하면, 측량 기사와 통역가가 한 팀을 이루어 사진에 찍힌 언덕과 와디를 찾아 랜드크루저*를 타고 현대판 카라반을 시작했다. 사막에 사는 사람들은 언덕과 계곡을 어떻게 부르는가. 그것을 확인하기 위해 안내인과 지역

사정에 밝은 촌로를 동반해 현지까지 가면, 그들이나 근처에 있는 베두인들의 발음을 테이프에 녹음하고 스펠링을 받아적었다. 그러나 실제 작업은 그리 순조롭게 진척되지 않았다.

사막의 하루는 간단하게 아침 식사를 하면서 시작한다. 베이스캠프에서 요리사가 구워준 빵에 홍차와 치즈가 전부인 아침 식사를 마치면 각자 분담한 지역으로 흩어진다. 필요한 분량의 물을 탱크차에서 석유 드럼통으로 옮기고 식료품과 함께 랜드크루저에 싣는다. 안내인은 도중에 있는 촌락이나 오아시스에서 고용하는 일도 적지 않았다. 때로는 베이스캠프 근처에서 방목 중인 베두인으로부터 심심풀이로 데려가달라고 부탁받기도 했다. 그럴 때는 원하는 대로 그들을 차에 태워 잡담하면서 목적지로 향했다. 목적지에 도착하면 곧 점심때가 된다. 그늘을 찾아 홍차와 빵, 통조림 정도로 간단히 점심을 때운다. 원래는 바로 작업을 하고 싶었지만, 현지인은 식사 후 느긋하게 휴식을 취한다. 차를 마시면서 잡담을 나누거나 시원한 곳을 찾아 낮잠을 자기도 한다. 낮잠 장소로 가장 인기가 높았던 곳

---

*     도요타가 만든 SUV 모델로 비포장도로에서 성능이 뛰어나다고 알려졌다.

은 확실히 그늘이 보증되는 차 밑이었다. 이윽고 해가 기울고 조금 시원해질 무렵에야 겨우 작업에 들어간다. 이 같은 상태니까, 작업 능률이 오를 리 없었다.

밤에는 거기서 야영하기도 하고 베이스캠프에 돌아오기도 했다. 베이스캠프에 돌아오면 저녁은 양 한 마리를 잡아, 쌀과 건포도와 버터를 넣어 밥을 지을 때가 많았다. 즉 양고기 필라프였다. 내장과 함께 조리하면 냄새가 나 먹기 힘들었지만, 내장을 제거하고 한 마리 통째 들어간 양고기 필라프는 정말 맛있었다.


초기에 혼다 씨는 자신의 아라비아어가 거의 통하지 않아 고생이 심했다. 측량 기사들은 높은 임금을 주고 데려왔다며 대놓고 싫은 소리를 했다. 면허를 취득한 지 얼마 안 된 혼다 씨가 운전하면, 네 운전은 무섭다며 승차를 꺼리기도 했다.

하지만 시간이 흐르면서 혼다 씨는 사막생활이 점점 즐겁게 느껴졌다. 물론 언어 실력이 좋아지면서 조금씩 자유로워진 점도 있었다. 하지만 그것만은 아니었다.

그에게는 꿈이 하나 있었다. 사막에서 너무도 좋아하는 기타를 쳐보고 싶은 꿈이었다. 사우디아라비아행을 준비하면서, 그는 떼를 써서 애용하는 기타 딱 하나만 가져가도 좋다는 허락을 받았다.

어느 날 밤, 혼다 씨는 아름다운 사구 위에서 기타를 쳐 보기로 했다. 하늘에는 별들이 가득 반짝이고 있었다. 실로 어울리는 분위기였다.

하지만 시험 삼아 「알함브라 궁전의 추억」을 쳐보고 그는 깜짝 놀랐다. 전혀 연주가 되지 않았다. 기타 소리는 모두 모래 속으로 빨려 들어간 것처럼 흔적도 없이 사라졌다. 아무리 해봐도 소리가 나지 않았다. 사막에서는 반향을 일으키는 것이 없어 소리가 흩어져버린다는 사실을 그때 처음으로 알았다.

멍하니 있는 혼다 씨에게 또 하나 예기치 않은 일이 일어났다. 파리가 떼를 지어 습격해왔다. 사막의 파리는 수분을 찾아 생물에게 무리 지어 몰려온다. 인체의 노출된 부분 중 습기가 있는 곳은 입과 눈이다. 파리 떼는 기타를 잡은 혼다 씨의 입과 눈으로 쇄도했다.

꿈이었던 기타 연주는 불과 10분도 이어지지 못했다. 그일은 혼다 씨에게 상징적인 사건처럼 느껴졌다. '아름다운 것을' 꿈꾼 이제까지 자신의 생활은 외부라는 벽이 없었기 때문에, 사막에서의 기타 연주처럼 공허하고 텅 빈 채 흘러갔을 뿐이었는지 모른다고.

실은, 이 순간 혼다 씨는 겨우 긴 터널에서 빠져나왔다

고 할 수 있다. 있는 그대로의 현실과 처음으로 관계를 맺
게 되었다고 해도 과언이 아니다. 그는 거의 사람이 없는
그 사막에서 '사회복귀'를 하게 되었다.

*

혼다 씨는 사우디아라비아에 정확히 9개월간 체류했다.
하지만 귀국 후 3개월 뒤에 다시 사우디아라비아로 돌아
가게 되었다. 측량 결과에 사우디아라비아 측에서 의문을
제기해, 측량 회사가 정확성을 기하기 위해 다시 한번 인
원을 파견하여 확인 작업을 하게 되었다. 전에 간 구성원
중에는 사막생활은 이제 사양한다는 사람이 적지 않았지
만, 혼다 씨는 이해가 되지 않았다. 예산 사정상 일본 측에
서는 세 명밖에 가지 못했지만, 혼다 씨는 기꺼이 그중 한
명을 떠맡았다.

두 번째 사우디아라비아행은 첫 번째에 비해 더 즐거웠
다. 일본에서 온 사람이 적었기 때문에 일은 고되고 책임
은 무거웠지만, 사막에서 자신이 점점 자유로워진다고 느
꼈다.

아라비아어 실력은 일취월장했다. 처음 왔을 때는 들은
단어와 숙어를 수첩에 적고, 기회를 봐서 사용해보는 연습

사막의 눈

169

을 필사적으로 했다. 사용해서 말이 통하면 내 것이 된다. 하지만 두 번째는 그렇게 하지 않아도 그냥 편하게 말할 수 있었다. 그에게 최고의 어학 교사는 현지에서 고용한 운전사, 요리사, 안내인, 베두인이었다.

물론 사막생활은 가혹한 점도 적지 않았다. 반년 이상 목욕도 하지 못하고, 술도 마시지 못했다. 중앙정부의 세력이 미치지 않는 산악 지대에는 산적도 있었다.

하지만 사막에서 특히 가혹한 것은 자연이었다. 낮에는 섭씨 50도를 넘을 만큼 더운가 하면 밤에는 영하까지 내려가기도 했다. 사우디아라비아에도 「아라비아의 로렌스」에 나오는 멋진 사막은 드물고 태반은 기복이 심한 바위와 모래로 된 광야에 시드르라 불리는 가시투성이의 식물이 자라는 땅이었다. 그곳을 달리면 모래에 바퀴가 빠져 핸들이 마음대로 움직이지 않았고, 타이어는 시드르 가시에 찔려 펑크가 났다.

하지만 자연은 동시에 그의 마음을 위로해주기도 했다. 황량한 열사 지대에도 눈을 돌리면 다양한 생물이 살아가고 있었다. 시드르 이외의 식물도 땅을 기어가듯 뿌리를 내리고 있었다. 여름과 가을뿐만 아니라 겨울도 있고 봄도 있었다.

사막에 많은 곤충이라고 하면, 파리와 함께 쇠똥구리

를 들 수 있다. 사막에서 볼일을 보면 반드시 쇠똥구리가 나타나 귀여운 모습으로 똥을 둥글게 뭉쳐 어딘가로 가져간다.

어느 날 그는 쇠똥구리 뒤를 따라가보았다. 역시나 책에서 본 그대로 똥은 산란을 위해 필요한 듯, 둥글게 뭉친 똥을 옆에 두더니 산란용의 구멍을 파는 데 열중하기 시작했다. 보다가 무심코 장난기가 생겨 그 똥을 감추었다. 잠시 뒤 구멍에서 나온 쇠똥구리는 조금 전까지 있었던 똥이 없어진 것을 알고 '어?' 하는 듯한 모양으로 허둥지둥했다. 그 귀여운 모습을 보고 있으니, 그것만으로 마음이 따뜻해졌다.

계절에 따라서 밤에 쇠똥구리가 연이어 빛을 향해 몰려오는 일이 있었다. 처리하기 위해 현지인이 석유를 뿌려 태우자, 거기에도 또 줄줄이 쇠똥구리가 날아들었다. '불로 뛰어든다'라는 말 그대로의 모습이 정말 애처로웠다.

사막에는 물론 동물도 존재했다. 아침에 일어나면 모래 위에 여러 문양의 발자국이 나 있었다. 베두인은 그 모양만 보고 동물의 종류를 알아맞혔다. 여우, 쥐, 뱀…. 그리고 발자국은 모두 근처 우물로 이어져 있었다.

겨울 어느 아침, 일어나니 사막이 하얀 가루 같은 것으

사막의 눈

로 덮여 있었다. 그것은 눈이었다. 현지 사람들도 사막의 눈은 신기한 듯, 왠지 모르게 들뜬 목소리로 말했다. 그래서 모두 기념 촬영을 하기로 했는데 카메라를 준비하는 사이 눈이 금세 녹아버렸다. 사진에 잘 나오지는 않았지만, 그 눈은 사막생활을 활기차게 보내는 그를 위한 사막의 호화로운 선물이었는지도 모른다.

2월 불시에 봄이 찾아왔다. 그때까지 단조로운 다갈색 사막 한쪽에 연보랏빛 융단이 펼쳐졌다. 혼다는 떠올렸다. 그러고보니, 며칠 전 사막에 비가 조금 내린 사실을. 약간의 비가 식물을 싹 틔운 것이다.

"라비아!"

지나가던 베두인 카라반이 혼다 씨 일행을 향해 이렇게 외쳤다. '라비아'는 아라비아어로 봄을 의미하는 말이다.

그리고 어느새 혼다 씨는 넓은 사막에서 자신이 어느 방향을 향하고 있는지 본능적으로 알게 되었다.

아침, 저녁은 태양의 그림자로 방향을 판단할 수 있다. 하지만 태양이 중천에 오는 한낮에는 그림자로 판단하기 어렵다. 하지만 어느 때부터 태양에도 자석에도 의존하지 않고, 그는 자신이 동서남북 어느 쪽으로 향하고 있는지 알게 되었다. 몸 안에 방위가 새겨졌다. 이 사실을 자각했을 때, 그는 살며시 마음이 떨렸다.

*

혼다 씨가 아라비아 문자의 서예와 만난 것은 두 번째 사우디아라비아행 때였다.

어느 날 탐사하다 현지인에게 이끌려 거대한 달의 분화구처럼 움푹 파인 곳에 갔다. 그곳 암벽에 기묘한 형태의 기호가 새겨져 있었다. 혼다 씨는 공교롭게도 카메라를 휴대하지 않아 수첩에 옮겨 적었다.

베이스캠프에 돌아와 여러 사람에게 물어보았지만 아무도 알지 못했다. 얼마 후 리야드의 석유성에서 온 한 관리에게 질문했다. 사드 아티크라는 그 관리는 수첩 속의 문자를 보고 아라비아어가 성립하기 전인 고대 문자 '나바테아'일 것이라고 가르쳐주었다. 지도의 측량이 끝나면 지도에 지명을 기입해야 했다. 강이나 와디처럼 굽은 지형도 위에 끊김이 없는 아라비아 문자를 적는 데는 활자보다 손 글씨가 편리했다. 게다가 아랍에서는 손 글씨를 존중하는 분위기가 아직 남아 있었다. 그 때문에 석유성에는 여러 수기 전문가가 있었는데 사드도 그중 한 사람이었다.

아라비아어 수기 문자의 아름다움에 혼다 씨도 놀라움을 느끼기 시작하던 참이었다. 그는 고대 문자로 친분을 쌓은 사드에게 아라비아 문자 쓰는 법을 가르쳐주지 않겠느냐고 청해보았다. 사드는 흔쾌히 승낙하고 아라비아어 알파벳인 알아브자디야 글씨본을 쓰더니, 펜촉이 평평한 모양의 만년필을 빌려주고, 이것을 모사하라고 말했다.

혼다 씨는 작업이 끝나고 밤에 텐트로 돌아오면 석유램프를 켜고 모사에 열중했다.

이튿날 아침, 사드에게 가져가면 그는 빨간 연필로 친절하게 고쳐주면서 이렇게 설명했다.

"이 글자는 마치 낙타 머리와 굽은 목을 그린다는 느낌으로 쓰면 좋아요."

리야드에 돌아가서는 더 본격적으로 서예를 가르쳐주었다. 붓을 어떻게 만드는지, 어떤 종이를 고를지, 붓을 잡고 어떻게 움직여 쓰는지. 혼다 씨는 아라비아 문자 서예에 크게 매료돼 일본에 돌아와서도 계속하기로 했다. 물론 일본에 가르쳐줄 사람은 없었다. 그는 리야드에서 산 고서를 교본으로 삼아 혼자 꾸준히 썼다.

그는 측량 회사에서 파견되어 아랍에 다섯 번, 다 합해 4년 가까이 머물렀다. 사우디아라비아 세 번, 예멘 한 번, 리비아 한 번이었다. 어디나 보통은 들어가지 못하는 땅이었다. 제약은 심했지만, 아라비아생활은 성격에 맞았다. 하지만 고등학교 동창과 결혼하고 곧 아기가 태어나면서 그런 생활을 지속할 수 없었다.

반년 정도 사무직으로 일했지만, 자신과 맞지 않는다는 사실을 금방 깨달았다. 그는 직업이 있는 아내에게 자신이 육아를 맡을 테니까 그 외 시간은 좋아하는 일을 하게 해달라고 부탁했다.

회사를 그만두고, 아라비아어를 가르치거나 아라비아어 입문서를 쓰는 데 생활의 중심을 두기로 했다. 모두 아라비아어 서예를 계속하기 위해서였다. 그는 자신이 이 일을 하려고 여러 길을 돌아왔다고 생각했다.

우선 펜을 만든다. 다음에는 어떠한 글귀를 쓸지 생각한다. 그것이 결정되면 어떠한 서체로 할지 고민하고, 종이와 어떻게 균형을 맞출지 구상한다. 모두 쓴 뒤에는 어떠한 문양으로 장식할지 궁리한다.

거기에는 지금까지 자신이 이리저리 방황하면서 손을 댄 모든 것이 들어가 있었다. 아라비아어, 문학, 회화, 공예 그리고 음악. 그렇다, 혼다 씨에게는 완성된 아라비아 문자 서예작품에서 정말 음악이 들려오는 듯한 기분이 들었다. 멜로디와 리듬뿐만 아니라 음색까지도….

사막에서 살아가는 사람들에게 아라비아 문자 서예는 가혹한 자연만이 존재하는 아랍에서, 인공적으로 또 하나의 자연을 만들어내는 작업이었던 게 아닐까 하고 혼다 씨는 생각했다. 한 장의 융단이 다다미 한 장 크기의 '화원'일

수 있듯이, 하나의 서예작품 속에는 우거진 초목, 흐드러지게 핀 꽃, 지저귀는 작은 새 등으로 이루어진 '낙원'이 존재하는 것 같았다.

　그로부터 10년. 혼다 씨는 혼자 꾸준히 아라비아 문자 서예활동을 해왔다. 이윽고 그 평판을 듣고 도쿄에 설치된 아랍 여러 나라의 대사관으로부터 다양한 종류의 손 글씨를 의뢰받기에 이르렀다.

　3년 전 이라크의 페스티벌에 초대된 그는 거기서 알게 된 튀르키예의 하산 첼레비를 스승으로 삼고 가르침을 받았다. 자신이 쓴 작품을 첨삭해달라고 부탁했다.

　지지난해에 첼레비가 사는 튀르키예에서 4년에 한 번 있는 '아라비아 문자 서예 대회'가 열렸다. 혼다 씨도 응모하기로 하고, 3개월 정도 걸려 작품을 완성했다.

　지난해 봄 그 결과가 나왔다. 30개국에서 보낸 1780점의 응모작품 중, 단 13점만 뽑는 '장려상'을 그의 작품이 수상했다. 15년 만에 처음으로 받은 훈장이었다.

　하지만 혼다 씨에게 그 이상으로 기쁜 것은, 작품에 색채며 디자인이며 이슬람에는 없는 독특한 분위기가 있다는 평가를 받은 점이었다.

*

　3년 전 바그다드의 아라비아 서예 페스티벌에서 돌아오고 나서, 혼다 씨는 우연한 기회에 이라크 주일대사를 만난 적이 있다. 그때 일본과 이라크의 교류에 조금이라도 도움이 된다면 하고 다소 외교적인 수사를 섞어 대화를 나누었더니, 바로 번역 의뢰가 들어왔다.

　그때까지는 이집트 대사관 같은 데서 번역을 의뢰하면, 거의 자원봉사 하듯이 도와주었다. 석유가 나지 않는 아랍 제국은 여유가 없다는 사실을 잘 알고 있었기 때문이다.

　하지만 이라크 대사관은 관내에 전용 방을 준비해주고, 돈도 제대로 주었다. 자질구레한 아르바이트를 하기보다는 낫겠다 싶어 오전만 하기로 했지만, 얼마 지나지 않아 일본 신문에 실린 이라크 관련 기사를 번역하는 일에 조금씩 고통을 느끼게 되었다.

　거기에다 지난해 8월 이라크의 쿠웨이트 침략이라는 사건이 발생했다. 얼마 뒤 이라크 정부가 일본 정부에 사정을 설명하기 위한 특사를 보냈다. 주일대사로부터 그 통역을 맡아달라는 부탁을 받고 혼다 씨는 거절했다. 원래 격식을 갖춘 자리의 통역은 서툴렀지만, 그것만이 이유는 아니었다. 그는 이라크의 쿠웨이트 침공을 도저히 인정할 수 없었다. 자신이 옳지 않다고 믿는 행위를 정당화하려는 통역 따윈 하고 싶지 않았다. 주일대사는 솔직했다. 통역할지 여기를 그만둘지 결정해달라고 말했다. 혼다 씨는 그 자리에서 그만두는 길을 택했다.

침공 전후 이라크 신문은 혼다 씨 눈으로 보아도 이상했다. 신문의 1면에는 여러 포즈를 취한 후세인의 사진이 실려 있을 뿐이었다. 대사관에서 속삭이는 이야기로 짐작건대 상당한 공포정치가 펼쳐지는 것 같았다.

혼다 씨는 이라크 대사관에서 벗어나 안도했지만, 주일대사에게는 동정의 마음이 들었다. 예를 들면 이라크가 다국적군과 전면 대결에 들어가고 나서 일본 언론에 대한 어쩔 수 없는 대응은, 지성이 있는 사람인 만큼 내심 고뇌가 많지 않았을까 생각했다.

하지만 다국적군에 의한 공중 폭격, 지상전, 패주, 내란 등 사태의 추이를 지켜보며, 혼다 씨에게는 대사관보다 이라크 국내 상황에 몇 가지 걱정거리가 생겼다.

하나는 이라크 페스티벌에 출품한 자신의 작품이었다.

작품은 페스티벌 종료와 함께 반환될 것으로 생각했는데, 얼마 후 작품 대신 돈을 보내왔다. 이라크 국내에서 팔렸다는 것이다. 그의 작품은 나자프라는 고도古都에 사는 서예가가 구매했다고 한다.

하지만 나자프도 전쟁 중에는 다국적군의 공중 폭격에 노출되었고 지금도 다시 시아파의 성지로써 정부와 반정부 세력 사이에 치열한 전투가 계속되고 있다. 아마도 거리는 분명 몹시 황폐해졌을 것이고 그의 작품이 전화에 타 버렸을 가능성도 없지 않았다.

하지만 자신의 작품 정도로 피해가 그친다면 괜찮다. 소실되었어도 다시 쓰면 된다. 정말 걱정되는 것은 이라크에 사는 사람들의 운명이었다. 특히 걱정은 친분이 있었던 서예가들의 안부였다.

바그다드에서 열린 페스티벌에는 각국에서 온 서예가와 친목을 다지는 프로그램이 마련되어 있었다.

어느 날, 혼다 씨는 유적을 둘러보는 여행 중 버스 옆자리에 앉은 스무 살 정도로 보이는 이라크의 젊은 서예가를 알게 되었다. 당시 그는 교전 중인 이란과의 최전선에 있다가 페스티벌 때문에 사흘만 휴가를 얻어 달려왔다고 한다. 그것만으로도 가슴이 메는 이야기였는데 그는 또 이렇게 물었다.

"이란에 지인은 없으신가요."

그의 말을 들어보니 형이 이란과의 전투 중 행방불명되었다고 한다. 여러 상황으로 판단하건대 아무래도 포로가 된 듯하다. 만일 이란에 누구 아는 사람이 있으면, 그 사람에게 형에게 보내는 편지 중개를 부탁해줄 수 있겠느냐는 것이다. 유감스럽게도 그의 희망에 부응하진 못했지만 혼다 씨는 마음이 아팠다.

얼굴이 소년 같았던 그 서예가는 아마 이번 전쟁에서도 전선에 동원되었겠지. 무사히 귀환했을까. 귀환했다고 해도 지금 이런 상황에서 무사히 지내고 있을까.

페스티벌 직후 이라크의 젊은 서예가 압바스가 보내온 사진 뒤에는 파르시체의 아름다운 문자로 이렇게 쓰여 있었다.

"우리 형제, 친애하는 혼다 고이치 님
이 사진을 저의 자그마한 선물로 받아주시기를 바랍니다. 알라신이 원하시면 우리는 다시 만날 수 있겠지요. 그때는 아라비아 서예와 아름다움에 관해 좀더 이야기 나누고 아름다운 추억을 다시 한번 되살려봅시다."

그로부터 3년, 올해 5월에는 두 번째 페스티벌이 열릴 예정이었다. 하지만 전쟁으로 개최는 불가능했다.

압바스는 무사할까. 과연 '우리'는 그가 말한 대로 언젠가 '재회'하여 아라비아 서예에 관해 이야기를 나눌 수 있을까. 알라는 무엇을 어떻게 바라고 있는 것일까….



을까. 알라는 무엇을 어떻게 바라고 있는 것일까….

# 편지

사와키 고타로 선생님

갑자기 서한을 올리는 무례를 용서해주십시오.

알지 못하는 분이시고 더구나 글을 쓰시는 선생님께 편지를 쓴다는 게 왠지 조심스럽습니다. 하지만 주저하는 이 마음을 떨쳐버리게 할 만큼 불가사의한 현실에 무심코 펜을 들게 되었습니다.

오늘 아침의 일이었습니다. 평상시처럼 식사하면서 신문을 읽는데, 사회면에 있는 "오구라 게이 씨 지점장에"라는 기사가 눈에 띄었습니다. 그것은 다이이치칸교 은행에 근무하는 싱어송라이터 오구라 씨가 시즈오카현 하마마쓰의 지점장이 되었다는 기사였습니다. 나는 의외라는 느낌을 받았습니다. 어딘가 제 마음속에 그는 결국 언젠가 은행을 그만두지 않을까라는 생각이 있었는지도 모릅니다.

지점장이 되었다는 것은, 말하자면 은행원으로서 인생을 제대로 살았다는 의미입니다. 설사 앞으로 그만두는 일이 있어도, 지점장이 되기 전에 사직하는 것과는 의미가 다릅니다.

'그렇구나….'

이러한 마음속에는 같은 은행원으로서 질투심이 섞여 있었던 게 아닌가 생각되기도 합니다. 저는 어느 시기에 선택을 강요받았습니다. 그것은 아주 단순하게 말하면, 출세 경쟁에 나설지 말지의 문제였습니다. 하지만 저에게는 해야 할 일이 있었습니다. 그래서 저는 집 근처 지점 근무를 조건으로, 자리에 대한 희망을 버리고 출세 경쟁을 하지 않겠다는 의사를 확실히 밝혔습니다. 동료와 선배는 저의 선택에 놀라움을 보였지만, 저는 은행 이외의 인생을 포기하고 싶지 않았습니다. 그런데 오구라 씨는 음악활동을 계속하면서 은행원으로도 성실하게 살고 있다는 사실을, 주간지 같은 데서 읽어 알고 있었습니다. 부끄럽게도 저는 왠지 그 '두 마리 토끼 잡기'가 실패하기를 바라고 있었는지도 모릅니다.

복잡한 감회에 젖은 채 눈을 돌리니 거기에는 더 놀라운 기사가 있었습니다.

"요트의 다다 씨, 호주에서 자살."

설마라고 생각했습니다. 다다 유코 씨가 자살할 리 없다고. 하지만 기사에 따르면 1인승 세계 일주 외양 경기에 참여한 다다 씨가 도중 호주의 시드니에서 기권하고, 친척집 뜰에서 목을 매고 죽었다는 겁니다. 저는 그 기사를 몇 번이나 되풀이해서 읽었습니다. 그리고 다다 씨가 예순 살이었다는 사실을 알고 나서, 그 나이에도 세계 일주 경기 출전을 단행한 용기에 새삼 감동했습니다. 하지만 그 용기가 이러한 결과로 귀결되다니….

오구라 씨의 하마마쓰 지점장 취임과 다다 씨가 시드니에서 자살한 기사를 보고 저는 반사적으로 선생님을 떠올렸습니다. 어떤 기분으로 그 지면을 바라보고 계실까 하고. 그리고 오랜만에 선생님의 저서 『마차는 달린다馬車は走る』를 책장에서 꺼내고 싶었습니다. 그런데 목차를 펼쳐보고 더 놀랐습니다. 오구라 씨에 대해 쓴 「그 문을その木戸を」과 다다 씨에 대해 쓴 「땅강아지의 카니발オケラのカーニバル」이 공교롭게도 바로 나란히 실려 있었기 때문입니다.

저는 『마차는 달린다』를 읽고 나서 두 사람을 알았습니다. 오구라 씨는 이름 정도는 알고 있었지만, 그가 어떠한 마음으로 은행에 입사했는지, 어떠한 마음으로 줄곧 있었는지 등에 대해서는 완전히 무지했습니다. 다다 씨는 대부분 모르는 사실뿐이었습니다. 하지만 「땅강아지의 카니발」을 읽고 개인택시 운전사인 다다 씨의 멋진 삶에 깊은 감명을 받았습니다. 전부 팔아버리고 경기에 출전한 뒤 다시 담담하게 개인택시 운전사로 되돌아간다. 제가 읽은 『마차는 달린다』에는 다음과 같은 문장에 밑줄이 그어져 있었습니다.

"정상에 오르려고도 하지 않고, 하지만 그렇다고 해서 인생에서 내려가는 것도 아니다. 당연한 인생을 마땅히 살아간다. 하지만 당연한 인생을 마땅히 살아가는 것이 얼마나 어려운 일인가. 하지만 그는 그것을 지극히 자연스럽게 더구나 활기차게 해나가는 것 같다."

저는 다다 씨의 태도에 큰 힘을 얻었습니다. 정상에 오르는 것만이 유일한 길은 아니라고.

그 다다 씨가 자살했습니다. 더구나 기사에 따르면 경기 탈락을 죽음의 원인으로 볼 수도 있었습니다. 다다 씨가 경기에 기권했다고 해서 자살 같은 행위를 할까요. 만일 다다 씨가 선생님이 「땅강아지의 카니발」에 묘사한 사람이라면, 그러한 행동을 할 리 없습니다. 하지만 자살이 사실이라면….

아니, 선생님을 비난하려고 하는 것은 아닙니다. 단지

납득하지 못할 뿐입니다.

그렇다고 해도 어느 작가가 한 권의 책 안에 나란히 바로 이어 묘사한 인물이, 같은 날 같은 사회면에 한 사람은 '승진'이라는 빛나는 뉴스로 다루어지고, 또 한 사람은 '자살'이라는 슬픈 뉴스로 다루어지는 그 불가사의가 저에게 이 편지를 쓰게 했습니다.

답장이 필요한 서한은 아닙니다. 아마 선생님도 느끼고 있을 불가사의를 마찬가지로 느끼는 사람이 적어도 여기 한 사람 있다는 것을 알리고 싶었을 뿐입니다.

평소 '그네들의 사는 법彼らの流儀'을 읽고 있습니다. 그러한 죽음의 선택이 다다 씨의 사는 법일까요. 저에게는 아무래도 그렇다고는 생각되지 않지만….

○○○○ 올림

# 답신

○○○○ 님

편지 잘 읽었습니다.

말씀하신 대로 오구라 게이 씨와 다다 유코 씨의 소식을 거의 동시에 알고 저도 큰 충격을 받았습니다.

'거의 동시에'라는 말은 제가 사는 곳에서는 두 개의 기사가 조간과 석간으로 나뉘어 실렸기 때문입니다. 그런데 신문사에 알아본 결과, 판에 따라서는 같은 지면에 게재된 지역도 있다는 사실을 알고 그 우연에 새삼 놀랐습니다.

저는 먼저 조간에서 오구라 씨가 다이이치칸교 은행의 지점장이 되었다는 기사를 읽고 다음에 석간에서 다다 씨의 자살 소식을 보았습니다. 그럼에도 같은 지면에서 본 것처럼 기억이 남아 있는 것은 조간을 읽은 직후, 작업실에 있던 전화기의 부재중 음성 사서함을 들었기 때문입니다. 거기에는 다다 씨를 같이 아는 지인이 남긴, 다다 씨가 돌아가셨다는 어두운 목소리의 짧은 메시지가 들어 있었습니다.

우리는 지난해 5월 경기에 출전 하기 위해 미국으로 떠나는 다다 씨를 시즈오카현 시미즈항에서 배웅했습니다. 그때 이상하게도 많은 사람이 불길한 예감을 느꼈습니다. 어떤 사람은 그가 설계했다고 하는 경주용 요트 모양에 불안을 느꼈고 또 어떤 사람은 여느 때와 다른 그의 쾌활한 모습에 불안을 느꼈습니다. 그리고 저 또한 그가 이 경기에서 꼭 이기려고 하는 것 같아 불안을 느꼈습니다.

하지만 저를 포함해 거기에 있는 사람들의 불안은 혹시 경기 중 사고로 위험이 닥칠지 모른다고 생각하는 것이었습니다. 그래서 비가 내려 뿌옇게 보이는 항구에서 떠나는 그를 배웅하면서, 밝은 모습으로 "이것이 마지막일지도 몰라"라고 농담을 주고받기도 했던 것입니다.

만일 그가 경기 중에 목숨을 잃었다고 하면 물론 슬프기는 하겠지만 지금처럼 혼란스러운 기분에 빠지지는 않았을 것입니다. 다다 씨가 자살했다. 이 사실에 그를 아는 많은 사람이, 아니 적어도 저 자신은 아무래도 적응이 되지 않습니다.

제가 다다 씨에 관해 「땅강아지의 카니발」이라는 글을 쓴 것은 15년이나 전의 일입니다.

그후에도 다다 씨와 함께 술을 마시기나 하며 관계를 이어왔습니다. 신주쿠에 홋쿄쿠北極에서 알던 마담이 하는 스낵바가 있는데 가지 않을래요, 고향인 나가오카에서 제 그림 개인전을 하는데 보러 가지 않을래요, 세타가야 공원에서 몸이 불편한 사람들을 위한 레코드콘서트를 하는데 들으러 가지 않을래요, 니가타의 백화점에서 우승 기념행사가 있는데 이야기하러 오지 않을래요….

저는 다다 씨의 부탁이나 권유는 웬만하면 거절하지 않았습니다. 그것은 어느 면에서 다다 씨가 거절할 수 없는 성격의 소유자라는 점도 있습니다.

장례식에서 낭독된 조사 중 다다 씨는 실제로 요트를 항행하는 데 걸출한 솜씨를 갖고 있을 뿐만 아니라 동시에 다른 사람의 마음속을 자유롭게 오갈 수 있는 비범한 힘을 갖고 있다는 말이 있었습니다. 과연 다다 씨는 그러한 사람이었습니다.

그런데 제가 거절하지 않으려고 했던 것은 다다 씨가 저에게 특별한 사람 중 한 명이었기 때문입니다. 다다 씨는 선생님께서 편지에 쓰신 바와 같이 '정상에 오르는' 것이 아니라 '산기슭에서 노는' 것의 즐거움을 몸소 가르쳐준 그런 존재였습니다. 다다 씨야말로 삶의 달인이었습니다.

실은 다다 씨가 경기 중 심한 우울증에 힘들어 했다는 사실은 시드니에 입항한 직후 알았습니다. 다다 씨는 그전에도 오랫동안 우울증으로 힘들었던 시기가 있었습니다. 그것을 이겨내고, 극복하면서 경기에 출전했습니다.

시드니에서 다다 씨는 의사에게 항우울제를 처방받아 그것을 복용한 직후에는 일시적으로 기운을 회복했다고 합니다.

그의 자살 원인은 분명히 우울증이라는 병입니다. 우울증으로 인한 자살은 병사로 보아야 한다는 의견도 있습니다. 하지만, 그렇게 하면 이해는 되지만 다다 씨가 자살했다는 사실에는 어딘가 이해하기 어려운 부분이 남아 있습니다. 어제 다다 씨의 유족이 마지막 항해 때 적은 일지를 보내왔습니다.

16년 전 '태평양 싱글핸드 레이스'에 출전한 다다 씨에게 저는 한 권의 노트를 맡기고, 거기에 항해일지 비슷한 것을 기재해달라고 부탁한 적이 있습니다. 그가 돌아와 노트를 보니 정말 아무것도 쓰여 있지 않고 단지

"맞바람 불어 옴짝달싹 못 하고 새치모* 음악 듣네."

와 같은 유머 넘치는 하이쿠 열두 편만 적혀 있었습니다.

마지막 항해일지에도 울적한 기분과 싸우면서 필사적으로 쓰지 않았나 느껴지는 하이쿠가 몇 개 있었고 마지막한 수는 이러했습니다.


　　"던져버리니 텅 빈 깡통이 홀로 멀어져간다."


저는 시구가 '새치모'에서 '빈 깡통'이란 말로 흘러간 다다 씨의 지난 항로를, 이제 다시 한번 더듬어보고 싶습니다. 그 경위는 어떠한 형태로든, 글로 남기고 싶습니다. 그것이 「땅강아지의 카니발」이란 글을 써서 일종의 다다 유코 상像을 만든 사람의 의무처럼 느껴지기 때문입니다.

그때 꼭 읽어주시기를 바랍니다. 읽어도 여전히 의문은 해소되지 않을지 모르지만…. 다다 씨는 「땅강아지의 카니발」에 나온 자신의 이미지를 평하여 언제나 이런 식으로 말했습니다.

"그렇게 멋있지는 않아요."


저는 그렇게 생각하지 않습니다. 역시 다다 씨는 멋있는


<hr>

*　　재즈 음악가 루이 암스트롱의 애칭.


답신

사람이었습니다. 설사 그 최후가 어떻다고 해도 말입니다.

편지 주셔서 감사합니다.


사와키 고타로

# 무 반쪽

그날, 그는 저녁이라고 하기에는 좀 이른 시간에 버스를 탔다. 거래처 중역 집에 초상이 나 회사의 영업 책임자로서 밤샘 준비를 도우러 가는 참이었다. 종착역에서 택시로 가려고 했지만, 다소 시간에 여유가 있기도 하고, 팩스로 받은 약도가 버스 정류장에서부터 안내가 되어 있기도 해 버스로 가기로 했다.

오래간만에 버스를 탔다. 도쿄 시내 아파트에 사는 그는 출퇴근은 전철을 이용하고 업무는 택시와 지하철로 대부분 해결했다.

승객 태반이 여성이나 노인이고 나머지는 교복 차림의 중고교생뿐이었다. 그가 버스에 올라탔을 때 자리가 두세 개 비어 있었지만, 굳이 앉지 않았다. 앉은 뒤에 자리를 양보해야 하는 것이 싫었기 때문이다. 자리 양보가 싫은 것은 아니었다. 양보할지 말지 고민해야 하는 것, 자리에서 일어나도 상대가 순순히 앉지 않고 난처한 표정을 짓는 것, 거기다 자신의 양보로 주위의 앉은 사람들에게 다소나마 죄책감을 느끼게 하는 것이 싫었다. 그래서 그는 전철 안에서도 좀처럼 앉지 않았다.

그는 내리는 문 가까운 곳에 서서 버스 안에 붙은 결혼식장과 피부관리실 광고를 바라보았다.

그때 갑자기 말소리가 들려왔다.

"이거, 가져가지 않을래요?"

아주 온화한 소리였지만 조용한 버스 안이라 그런지 더 크게 들렸다.

소리 난 쪽으로 눈을 돌리니 내리는 문보다 조금 뒤쪽에 있는 2인용 좌석에, 점잖아 보이는 할머니가 절반 자른 굵은 무를 손에 쥔 채 앉아 있었다. 그리고 옆에는 바로 앞 1인용 좌석에 앉은 소녀의 엄마로 보이는 여성이 앉아 있었다. 아무래도 할머니가 옆자리 젊은 엄마에게 무를 주려는 듯했다.

뜬금없는 일로 젊은 엄마가 당황스러워하자, 할머니는 변명하듯이 말했다.

"혼자라 한 개는 너무 많아요. 가게에서 한 개 밑으로는 안 팔아서…."

젊은 엄마가 어정쩡하게 고개를 끄덕이자, 할머니는 다

시 말했다.

"이거 가져가면 고맙겠는데."

"아니에요, 괜찮아요….""

아마 그 할머니는 역 부근의 식료품 가게에서 장을 보았을 것이다. 거기서 무를 한 개 샀다. 그것은 혼자 사는 살림에는 주체하기 힘들 만큼 굵고 긴 무였지만, 그 가게에서는 한 개 단위로밖에 팔지 않았다. 아니, 어쩌면 그 할머니는 설사 반쪽을 판매한다고 해도, 무는 한 개 사고 싶었는지도 모른다. 그리고 비닐봉지에 넣을 때 너무 길어서 반을 잘라 받았을지도….

그는 바로 광고로 시선을 돌렸지만, 할머니를 보고 어머니가 떠올랐다. 그의 어머니도 역시 무는 한 개씩 살 것 같은 분이었기 때문이다.

어머니는 도쿄에서 한 시간 정도 걸리는 지방 도시에 살았다. 아버지가 돌아가시고 나서는 낡은 셋집에서 혼자 산다. 좁은 아파트에서 함께 살기보다는 마음이 편할 것 같고, 어머니 또한 그렇게 말씀하셔서 혼자 살고 있다.

하지만 혼자 산다는 것은 하루하루 생활하면서 그 할머니처럼 무 반쪽을 어떻게 할지 고민하는 삶이기도 하다. 그는 처음으로 어머니가 혼자 사는 의미를 이해할 수 있을

무 반쪽

것 같았다. 지금까지는 어떠한 면에서 굳이 그러한 사실을
생각하지 않으려 했다.


"가져가지 않을래요."
할머니가 다시 권유했다.
"예, 하지만."
젊은 엄마의 주저하는 말을 들으면서, 어쨌거나 받으면
좋겠다고 그는 속으로 바랐다.
"혼자서는 이걸 다 먹을 수 없어요."
젊은 엄마는 그제야 받아야겠다고 판단한 듯, 궁금해서
뒤를 돌아보고 있던 소녀에게 받을까 하고 짧게 의논한 뒤
할머니에게 되물었다.
"정말 받아도 괜찮겠어요?"
"물론이지, 가져가."
"그럼, 받을게요."
그러자 할머니는 기쁜 듯이 말했다.
"버리지 않게 돼서 다행이야."
둘의 대화를 듣고, 그뿐만 아니라 버스 안에 안도의 분
위기가 흐르는 것 같았다.
할머니는 앞자리에 앉은 소녀에게 말을 걸었다.
"몇 살이지?"

“아홉 살요.”

“어머나, 크네.”

할머니는 그렇게 말하고 혼잣말하듯이 중얼거렸다.

“우리 손녀가 한 살 언니네.”

순간 그는 가슴이 아렸다. 자신에게도 열 살 아들이 있다. 그 할머니가 자신의 어머니라 해도 좋았다.

어쩌면 자신의 어머니도 장을 볼 때마다 무 반쪽에 신경이 쓰이는지도 모른다. 그러한 면에서 보면 자신의 가족이 도쿄에서 보내는 안정된 생활이, 떨어져 사는 어머니에게 작은 고민거리를 몇 가지 안겨준다고도 할 수 있을지 모른다.

물론 어머니는 같이 살자고 해도 거절할 것이다. 하지만…하고 버스에서 그는 생각했다. 자신은 자리를 양보해야 할 사람이 눈앞에 서 있는데도, 자는 척하며 모르는 체하는 남자와 다름없지 않은가 하고.

무 반쪽

# 어머니들

　히데코의 어머니가 구니코의 어머니에게 전화를 받은 것은 정확히 1년 전, 벚꽃이 만발한 계절이었다.
　"한번 다 같이 만나지 않을래요?"
　그것이 용건이었다. 딸들이 그렇게 여행을 계속하고 있는데 엄마들이 서로 모르는 것도 이상하다는 것이었다. 구니코의 어머니한테 그 말을 들으니, 히데코의 어머니도 그런 것 같았다. 그럼, 유코 어머니한테도 이야기해 세 명이 같이 볼까요, 해서 만남이 진행되었다.

　그녀들의 딸인 히데코와 구니코, 유코 세 명은 지난해 11월부터 모로코를 시작으로 긴 여행에 나섰다.
　히데코와 구니코는 도립 고등학교 같은 반으로 다세대 주택을 공동으로 빌려 살았다. 유코는 히데코의 전 직장 동료로 히데코가 사는 방에 놀러왔다가 구니코와도 친해

지게 되었다. 세 명은 히데코의 어머니도 놀랄 만큼 잘 놀았다. 자전거를 타고 여기저기 다니고, 주말에는 테니스를 치고, 겨울에는 스키 타러 가고, 여름이 되면 다이빙하고, 휴가를 모아 해외여행을 떠났다.

물론 그 돈은 스스로 마련했다. 히데코는 카피라이터로, 구니코는 백화점 같은 데를 장식하는 디스플레이 코디네이터로, 유코는 그래픽디자이너로 상당히 실력이 있는 것 같았다.

20대 후반을 지나 30대에 들어서도 세 명은 열성적으로 놀러다녔다. 보통 엄마라면 입이 닳도록 결혼을 권유해야 할지 모른다. 하지만, 하고 히데코의 어머니는 생각했다. 딸들의 어디가 문제인가. 서른이 되어도 저렇게 마음이 통하는 친구가 있다는 것은 뭔가 정말 대단한 것 아닌가, 라고.

히데코의 어머니도 딸과 결혼에 관해 이야기를 나눈 적이 있다. 이십대 전반에는 몇 번인가 선을 보게 한 일도 있다. 그때 딸이 이렇게 말했다. "20대 중반까지는 어머니가 권유하는 맞선을 볼게요. 그래서 좋은 사람을 만나면 기쁘겠지만 그렇지 않으면, 다음에는 저에게 맡겨주세요. 제일은 제가 그럭저럭 꾸려나갈 수 있을 것 같아요." 히데코의 어머니는 그 말에 따라 20대 후반에 들어선 뒤로는 맞선을 권하지 않았다.

아프리카와 인도로 여행을 떠난다고 딸한테 들었을 때도, 히데코의 어머니는 특별히 놀라거나 걱정하지 않았다. 자기도 아는 두 친구와 함께 간다는 사실도 있었지만, 그 이상으로 딸을 신뢰했기 때문이다. 그 아이는 겉으로는 강하게 보이지만 실은 겁이 꽤 많다. 좀체 엉뚱한 짓은 하지 않을 것이다. 더구나, 하고 히데코의 어머니는 이렇게 생각했다. 자기는 게으르고 비행기 타는 것도 싫어해 도저히 외국 같은 데는 가고 싶지 않지만, 만일 자신이 현대를 살아가는 여성이라면 역시 가려고 하지 않을까….

히데코의 어머니는 여행을 떠난 딸이 보내오는 편지를 읽고, 거기 나오는 나라 이름을 지구본에서 찾아보는 것이 습관이 되었다. 모로코, 이집트, 케냐, 탄자니아, 모리셔스…. 찾아도 구체적인 이미지는 떠오르지 않지만 거기서 딸들이 자기는 상상도 할 수 없는 발랄한 시간을 보내는 것은 확실해보였다.

그렇다고 히데코의 어머니가 자신의 인생을 후회한다는 것은 아니다. 그녀는 1926년에 태어나 학생 시절은 거의 전쟁과 함께 보냈다. 여학교 때는 비행기에 탑재하는 무선 통신기기의 납땜을 했고, 전문학교에 가서는 육군 군복을 꿰매는 일만 했다. 하지만 지금은 그 일이 가장 그리운 추억으로 떠오른다.

결혼한 직후에는 남편이 가슴을 앓아 부득이하게 장기 휴직을 했다. 수입이 없어 어찌할 줄 모른 적도 있고 같이 산 시아버지가 유별나게 엄격해 괴로워하기도 했다. 하지만 복직한 남편은 훌륭하게 정년까지 근무를 마쳤고, 두 아이도 탈 없이 성장해 사회에 자리를 잡았다. 이것을 행복한 인생이라고 부르지 않으면 뭐라 하겠는가. 딸이 좀체 결혼하지 않는 일이나 여학교 동창회에서 "댁의 따님은 어떻게 지내"라고 질문을 받았을 때는 "댁 따님 늘 잘 지내지"라며 웃어넘기면 그만이다.

솔직히 말하면 딸이 결혼할 상대의 얼굴을 보고 그렇구나 이 사람과 함께 살아가겠구나 하며 안심하고 생을 마치고 싶은 마음은 있다. 하지만 그것도 절대적인 것은 아니다. 결혼하지 않아도 아이가 없어도 그것은 그것대로 관계없다. 다만 나이가 들고나서 아들 부부에게 폐를 끼치지 않으면 충분하다. 어느 때인가 그렇게 말하니 딸은 매우 단호하게 대답했다.

"그런 걱정이라면 오빠한테나 해요."

세 명의 어머니는 우에노에서 만나기로 했다. 역 개찰구에서 만나 장어집에 점심을 먹으러 갔다. 만개한 벚꽃을 즐기며 커피도 마셨다.

화제는 다양했지만, 결국은 딸들의 이야기로 돌아왔다. 히데코의 어머니가 인상 깊었던 것은 서른 넘어 태평하게 여행을 계속하는 딸들에 대한 비난이나 푸념이 누구의 입에서도 전혀 나오지 않았다는 사실이다.

"지금쯤 어떻게 지낼까요….."

"어떻게 하고 있을까요….."

염려하는 이 말에는 딸들에 대한 소박한 걱정과 약간의 부러움과 커다란 격려의 마음이 담겨 있다는 것을 히데코의 어머니는 느꼈다.

# 딸들

세 명의 어머니가 우에노에서 꽃구경할 무렵, 150일에 걸친 세 딸의 여행도 실은 막바지에 접어들고 있었다. 아프리카에서 모리셔스를 거쳐 인도 아대륙으로 여행을 하고, 최종 목적지인 발리섬만 남겨둔 상태였다.

여행의 출발지는 모로코였다. 러시아 국영 항공사인 아에로플로트의 저가 항공권에 모스크바를 경유하는 카사블랑카행 표가 있어, 이것을 이용하여 아프리카에 들어가기로 했기 때문이다. 모로코 여행에서 가장 흥미진진했던 것은 마라케시에서 알게 된 젊은이의 소개로 베르베르족 마을에서 보낸 '홈스테이'였다.

차를 타고 줄곧 가다가 당나귀로 갈아타고 베르베르인 마을에 도착했다. 마을에는 산기슭에 매달리듯이 흙집이 세워져 있었고, 그녀들은 어느 집에서 직접 만든 융단이 깔린 토방을 안내받았다. 화장실도 없어 근처 풀숲에서 볼일을 봐야 했지만 그곳에서 그녀들은 가슴 설레는 나날을 보냈다. '아와쉬'라는 놀이를 계기로 그녀들은 마을 소녀들과 친하게 지냈다. 어느 날 마을 길을 걷는데 노랫소리가 들려왔다. 소리 나는 곳으로 가보니 열 명 정도의 소녀가 춤을 추고 있었다. 손장단으로 리듬을 맞추고 교대로 노래를 부르면서 즐거운 듯이 스텝을 밟고 있었다.

"우리도 끼워줄래?"

몸짓으로 그렇게 의사를 전하니, 좋아요, 좋아요, 들어와요, 어서 들어와요 하며 전원이 웃는 얼굴로 맞아주었다. 그때까지만 해도 카메라를 들이대면 바로 사방으로 흩어지듯 도망갔는데, 그날을 이후로 마을 소녀들은 세 명이 묶는 방에 모여 함께 '아와쉬'를 췄다.

마을 사람은 그녀들에게 각각 하디자, 라티파, 파티마라는 이름을 지어주었다. 아침에 일어나 가까운 강에서 얼굴을 씻고 아무도 없는 곳을 찾아 풀숲에서 볼일을 보려고 하는데, 어디선가 마을 어린이들이 부르는 소리가 들렸다.

"하디자!"

하여간 그들은 눈이 아주 좋았다. 당황해서 다른 장소를 찾아다니기도 했다. 이런 하나하나가 그녀들에게는 신선했다. 마을 소녀들 구슬을 소중히 여겼다. 한번 만든 목걸이나 반지도 다시 풀어 새로운 것을 만들었다. 헤어지는 날 소녀들은 그 귀중한 구슬로 만든 장식품을 선물로 줬다.

탄자니아에서는 아름답게 윤이 나는 야생동물을 며칠에 걸쳐 본 뒤, 마사이족 마을에서 '홈스테이'했다. 날짜도 짧고 많은 돈을 썼지만, 거기서 보낸 나날은 그 나름대로 또 인상적인 시간이었다. 모리셔스의 바다에서 다이빙을 하고, 네팔에서는 히말라야산맥 기슭에서 하이킹을 하고, 인도에서는 사막에서 낙타여행도 했다. 낙타는 탈 때 엉덩이 피부가 벗겨지는 당나귀에 비하면 훨씬 좋은 탈것이었다. 그녀들은 노인 가이드의 안내를 받고 야외에서 자면서 옛 유적을 돌아봤다. 식사는 노인이 만든 차파티와 카레, 침대는 땅에 깐 모포가 전부였다. 하지만 그 간소한 침대는 깊은 밤 낙타 소리에 눈을 뜨면, 별이 총총히 빛나는 하늘이 포근하게 감싸듯 다가오는 호화로운 덤이 붙은 것이었다….

특별한 체험을 많이 했음에도 그녀들은 골치 아픈 일에 거의 말려들지 않았다. 그것은 아마 세 명이라 적극적인 면과 신중한 면이 조화롭게 균형을 이루어, 미지의 땅과 낯선 사람들에게 필요 이상의 두려움도 갖지 않았고 그렇다고 너무 얕보이는 일도 없이 잘 대처했기 때문일 테다.

여자이기 때문에 불리하다고는 느끼지 않았다. 오히려 여자이기에 들어갈 수 있는 장소나, 받을 수 있는 친절이

나, 맺을 수 있는 관계가 더 많았다. 하지만 그것도 세 명이었기 때문에 가능했을지도 모른다. 혼자서는 절대로 불가능했을 테고 두 사람이었으면 여행의 모습도 많이 바뀌었을 것이다.

그녀들에게도 돌아가면 일은 어떻게 될까 하는 염려가 전혀 없었던 것은 아니다. 하지만 실제로 발리섬을 거쳐 일본에 돌아오자, 디스플레이 코디네이터인 구니코는 이튿날부터 계약한 백화점에 복귀했고 카피라이터인 히데코도 그녀가 돌아오기만을 학수고대하던 지인의 일을 돕게 되었다. 그리고 잠시 발리섬에 남아 있던 그래픽 디자이너 유코는 돌아오자, 히데코와 함께 사무실을 냈다. 여행을 떠나기 전에 프리랜서가 되었던 유코는 어쨌든 사무실을 차려야만 했고, 히데코는 히데코대로 집에서 일하는 게 질리기 시작할 무렵이었다.

사무실의 이름은 '카야'로 했다. 그 말의 의미는 인도네시아어로 '부자'로, 여행에서 가진 돈을 다 써버린 그녀들의 강력한 바람을 담은 이름이었는데, 나중에 거기에 다른 의미가 있다는 점을 알게 되었다. 레게의 왕 밥 말리에게 『카야kaya』라는 앨범이 있다는 사실을 알고 조사해보니, 자메이카에서는 '마리화나'를 뜻하는 말에서 전이되어 '잠깐 쉼'이라는 의미로 쓰인다고 한다. 이 사실을 알고 그녀들은 오히려 기뻤다. 작업장이 '잠깐 쉬는' 공간이 된다면 그 이상 좋은 일이 없기 때문이었다.

*

세 딸은 일본에 돌아와 각각 일터에 복귀했지만, 실은 아직 여행이 끝나지 않았다. 여름 어느 날 유코가 히데코와 구니코의 방에 "이런 게 다 있어"라며 신문을 가져왔다. 『아사히신문』의 전면 광고로 "식공간과 생활 문화 라운드 테이블"이라는 단체가 주관하는 콘테스트 안내가 실려 있었다. 그 콘테스트는 "테이블 코디네이트 대상"이라고 하여, "우아한 식탁"이라는 테마 아래 "토요일 저녁 식사" "커피 타임" "기념일 식사" 등 여섯 개 부문에 걸쳐 개성적인 테이블 코디네이트 솜씨를 겨룬다는 것이다.

세 사람은 대상 50만 엔, 부문상 20만 엔이라는 상금에 끌리기도 해 '홈스테이' 부문에 응모하기로 했다. 테이블 코디네이트는 백화점에서 디스플레이하는 구니코의 전공이었다. 그것을 사진으로 촬영하는 일은 그래픽 디자이너인 유코가 맡았다. 그리고 첨부해야 하는 작품 설명은 카피라이터인 히데코가 썼다.

딸들

"이번 대회의 테마인 '우아한 식탁'을 보았을 때, 우리 세 사람은 제일 먼저 마사이의 '대지의 테이블'을 떠올렸습니다. 자연 소재를 활용해 마사이 사람들과 나누었던 최고의 대화를 일본에서 재현하고 싶었고, 여행에서 사온 토산품을 장식하는 데 그치지 않고 일상 속에서 좀더 가까이 사용하고 싶었습니다."

그래서 식탁보는 아프리카에서 구입한 진흙 염료로 염색하고, 음료수병은 마사이에서 귀중품인 자패로 장식했다. 접시 밑에는 토란과 바나나 등 자연에서 나는 잎을 깔고 냅킨은 마사이 사람들이 몸에 걸친 천과 같은 색으로 준비했다. 그리고 테이블의 중앙에는 마사이 마을에 있던 큰 나무를 떠올려 만든 과일 콩포트를 배치했다.

응모하고 얼마 뒤에 1000점이 넘는 작품 가운데 최종 30점에 들었다는 연락을 받았다. 이어 유라쿠초 마리온에서 결승 대회가 열리는데, 참가자는 사진과 동일한 것을 실제로 설치하고, 심사를 통해 이 중에서 부문상 여섯 점과 대상 한 점을 결정한다고 한다. 대회 당일, 다른 사람들은 진지하게 완성해가는 데 비해 그녀들은 느긋하게 작업했기 때문에 마감 시간이 임박해서야 겨우 마무리했다. 다들 마감 직전에 발동이 걸리는 나쁜 습관이 나왔다고도 할

수 있지만, 뭐 이 정도의 일에 눈을 치켜들고 덤빌 건 없다
고 하는 마음도 있었다.

그런데 오후 열린 수상작 발표회에 나가보니, 대상은 놓
쳤지만 '홈스테이' 부문상을 받았다. 그렇다고 해서 자신들
의 감각에 다른 사람보다 뛰어난 점이 있어서 수상했다고
는 생각하지 않았다. 넓은 대회장을 둘러보아도 마사이를
이미지화한 것 같은 작품은 어디에도 없었다. 심사위원들
도 하나쯤은 색다른 것을 고르자고 생각한 것일까….

상금 20만 엔 대부분은 친구들과의 '파티'로 없어졌다.
그리고 여행에서 돌아와 만 일 년이 되는 올봄, 『아사히 그
래프』의 별책으로 간행된 『즐거운 식탁 꾸미기』라는 호에
기쁘게도 그녀들의 작품이 사진과 함께 소개되었다. 그녀
들의 여행은 이렇게 해서 일단 해피 엔딩으로 마무리됐다
고도 할 수 있다.

그녀들의 관계는 여행 이후에도 변화가 없었다. 오랜 여
행으로 이제까지의 친분에 금이 가지도 않았고 지금까지
의 관계 이상으로 깊은 유대가 생긴 것도 아니었다. 히데
코는 일이 궤도에 오르기 시작하자 어떤 자원봉사 단체에
기부했다. 여행을 떠나기 전에는 그러한 행위에 위선의 냄
새가 난다며 멀리했지만, 돌아오자 우선 자신이 할 수 있
는 일을 하자고 마음먹었다. 구니코는 올해 1월 혼자서 유

럽에 갔다. 그녀는 지난번 여행으로 외국여행을 한층 가볍게 할 수 있게 되었다. 하지만 유럽 어디를 가도 자극이 적고 어딘가 만족스럽지 않게 느껴지는 점은 아쉬웠다. 유코는 발리섬에서 나리타 공항에 도착했을 때, 문득 자신은 동남아시아의 조금 청결한 어느 공항에 잠시 들렀을 뿐이라고 느꼈다. 그 감각은 지금도 어딘가에 남아 있다.

여행을 떠나기 직전 그녀들은 딱 100세였다. 물론 세 사람의 나이 합계다. 여행하면서도 세 사람은 그 사실을 크게 의식했다. 그리고 암묵적으로 하나의 약속이 생겼다. 그 약속은 나이 합이 200이 될 때 반드시 또 한번 이러한 여행을 해보자는 것이었다. 그것은, 여행지의 딸들을 생각하며 우에노에서 꽃구경하던 어머니들과 비슷한 나이가 된다는 의미이기도 하다. 그녀들의 200세 기념 여행이 어떠한 모습이 될지는 알 수 없다. 하지만 그녀들이 여행하는 동안 의외로 그녀들의 딸도 롯폰기의 카페에서 모여 이러한 말을 주고받을지 모른다.

"지금쯤 엄마들은 어떻게 지내고 있을까."

"정말 그 세 사람은…."

# 마지막 더비 경마

출판사에서 밤샘 업무를 마치고 겨우 집으로 돌아가는 길이었다. 나는 무거운 짐을 안고 택시가 오기를 기다리고 있었다. 하지만 가랑비가 내리기 시작하는 데다 좀처럼 빈 차가 오지 않았다. 할 수 없이 지하철로 갈까 하고 생각하던 순간, 드디어 빈 개인택시가 나타났다. 반가워서 손을 번쩍 들었지만 바로 이거 난감하게 되었구나 싶었다. 차가 너무도 낡았기 때문이다.

앞에 선 차에 올라타 자리에 앉으면서 이거 큰일이라고 생각했다. 외관뿐만 아니라 내부도 상당히 낡았다. 나는 쿠션이 안 좋은 좌석에 앉아 40~50분이나 가야 하나 하고 조금 실망하며 기사에게 목적지를 알려주었다. 그리고 다시 기사의 옆얼굴을 보니 놀라울 정도로 나이 든 노인이었다. 순간 불안했지만 문득 전에 술집에서 들은 적 있는 노기사의 이야기가 떠올랐다. 제2차 세계대전 전부터 택

시 기사를 해 여든 가까운 지금도 새벽 두시 반이면 일하
러 나간다는. 혹시 이분이 그 사람 아닐까.

"실례지만 연세가 어떻게 되시나요?"

무례한 질문에도 노기사는 친절하게 답변했다.

"곧 일흔여덟입니다."

"아침 일찍부터 일하러 나가시나요."

"아니에요, 아홉 시쯤 천천히 나옵니다."

"전쟁 전부터 택시 기사를 하셨나요."

"택시가 아니라 하이야*를 했어요."

이야기를 듣다보니 경력은 매우 비슷하지만 다른 사람
이라는 것을 깨달았다. 그렇게 쉽게 기적에 가까운 우연이
일어날 리 없었다. 묘하게 안도감이 들면서 그 노기사가
조금씩 이야기해주는 하이야 시절 이야기가 재미있어 의
자가 불편하거나 이런 것들이 전혀 신경 쓰이지 않았다.


"내가 일했던 곳은 유라쿠라는 하이야로 스키야바시 바
로 옆에 있었어요. 여름에는 밀물 때면 바람도 쐴 겸 강에
서 자주 수영하곤 했었죠. 유라쿠의 여주인은 여걸이었어
요. 대단한 미인으로 남자를 대할 때도 거리낌이 없었어

*　　예약제 고급 택시.

요. 아직 스무 살 안팎이었던 내 손을 잡아 몹시 당황한 적도 있었습니다. 그 유라쿠의 여주인이 전쟁 후 한냐엔**의 여사장으로 아리타 하치로***가 도쿄 지사 선거에 출마했을 때는 여러 가지로 매스컴이 떠들썩했었죠. 하이야 기사는 정말 괜찮은 직업이었습니다. 내가 모집 광고를 보고 유라쿠에 들어간 것도 친구 중에 하이야 기사가 된 사람이 있고 이 일도 나쁘지 않은 직업 같아서였어요. 급여는 어중간한 대학 출신보다 많았고, 유흥업소 여종업원에게 아주 인기가 좋았습니다. 게다가 운전하는 차도 달랐어요. 택시는 포드나 쉐보레로 거의 정해져 있었지만, 하이야는 패커드, 크라이슬러, 허드슨, 내시 같은 차를 사용했습니다. 패커드에는 칸막이가 있고 보조석을 꺼내면 뒷자리에 다섯 명도 앉을 수 있었어요. 물론 내가 유라쿠에 들어갔을 때는 면허도 없었습니다. 예전에는 운전학원 같은 것도 없어서 차의 출입을 도와주거나 하면서 주먹구구식으로 운전을 배웠죠. 시험을 보는 것도 사메즈 운전면허 시험장에 차를 끌고 가서 했어요. 내가 유라쿠에 있는 패커드로 시험을 보러 가자, 시험관은 좋은 차라고 칭찬했고 시험에

**　　도쿄 미나토구에 있던 요정.
***　　일본의 외교관·정치가.

<br>

마지막 더비 경마

도 쉽게 합격했어요.

면허를 따고서는 여러 사람을 태웠습니다. 장소가 장소인지라 단골 거래처 중에 신문사가 있어 기자를 집에까지 자주 데려다주었어요. 지금도 기억나는 게 『아사히신문』의 미토로 씨, 『도쿄니치니치신문』의 스모 담당 기자인 소마 씨 같은 분입니다. 신문사 깃발을 달고 달리면 경찰도 대개는 눈감아주었고 술 취한 기자가 파출소 앞에서 차를 세우고 일부러 그 옆에서 서서 소변을 봐도 아무 말도 하지 않았습니다. 멀리 나갈 때는 우리도 조수석에 술 됫병을 놓고 마시면서 운전했어요. 예전에는 만취 상태만 아니면 괜찮았어요. 그러고보니 영화에 나온 적도 있네요. 쇼치쿠 가마타 제작사의 영화로 감독이 시마즈 야스지로, 조감독이 요시무라 고자부로였어요. 하코네 짓코쿠토게 고개의 벼랑 끝에서 차가 떨어질 뻔한 장면입니다. 그 오픈카를 내가 운전했어요. 출연료를 받고 돌아오는 길에는 요코하마의 요정에서 대접도 받고… 정말로 하이야 시절은 여러 가지로 좋았습니다.

전시에는 육군에 징용돼 이타바시에 있는 병기 보급소에서 역시 운전사로 일했어요. 높으신 분을 모시는 차도 물자 절약을 위해 목탄차를 썼는데 싱가포르를 점령하자, 영국군의 롤스로이스 같은 멋진 차가 몰수되어 들어왔어요. 당시 차의 경적이라고 하면 나팔이었는데 그 차들은 놀랍게도 에어 혼을 사용해 실로 부드러운 소리를 냈어요. 우리는 그것을 각 황족 가문에 헌상하러 갔습니다. 나도 최고급 차 한 대를 운전해 미나토구 다카나와에 있는 기타 시라카와노미야 가문을 방문했습니다. 도둑질한 것을 황족 가문에 바친다고 하는, 곰곰이 생각해보면 어처구니없는 이야기인데….”

전쟁 후에는 민영철도회사 계열의 택시 회사에 근무하다 정년 후에 개인택시 면허를 취득했다고 한다. 그러고 나서 20년 이상 흘렀는데 지금 모는 차가 아직 세 번째밖에 안 됐다고 한다.
“이 차는 몇 년 타셨나요?”
그는 대답했다.
“9년 됐어요.”
“언제쯤 새 차로 바꿀 건가요?”
“바꾸지 않을 겁니다.”
“예?”
“올해 이 차가 못 쓰게 되면… 폐업할 겁니다.”
“왜요?”
“자식들이 걱정하고… 게다가….”

“게다가?”

“게다가… 뭐니 뭐니 해도 승차한 손님에게 걱정을 끼치면, 이제 이 일을 계속할 자격이 없는 거죠.”

“무슨….”

내가 한마디 하자 노기사는 웃으면서 역으로 질문해 왔다.

“손님, 탔을 때 걱정하지 않으셨어요?”

“….”

나는 답변할 수 없었다. 머뭇거리다 잠시 후 이렇게 물었다.

“하지만 적적하지 않겠습니까?”

“걱정은… 토요일이에요.”

노기사의 단 하나의 낙은 토요일에 마권 장외 발매소에 들러 마권을 사는 것이라고 한다. 그만두면 그것을 할 수 없게 되는 것이 허전하다는 거다.

“그럼, 이번 더비*가 기사님 차로 마권을 사러 가는 마지막 더비가 되겠네요.”

“예, 그렇게 되겠네요.”

“올해는 어떤 말에 거시나요?”

---

*    일본 중앙경마회가 도쿄 경마장에서 시행하는 대표 경주.

“나는 평소 말을 보고 사지 않습니다. 그때 직감적으로 떠오른 숫자로 하거든요. 그러면 1년에 한두 번은 만마권** 에 당첨됩니다.”

그렇다면 올해는 5, 6이 좋지 않을까. 그가 기사로서 일 하기 시작한 때가 1935년이라면 기사로서 마지막 해인 올 해가 56년째가 되기 때문이다.

내가 이렇게 말하자 그는 살짝 웃으며 “그렇게 해볼까 요”라고 대답했다.

** 100엔당 1만 엔 이상의 배당금이 나오는 고수익 마권.

# 비탈길

　꿈 이야기는 당사자에게는 아무리 흥미롭다고 해도 듣는 사람에게는 매우 지루한 경우가 적지 않다.

　하지만 나는 이제부터 굳이 꿈 이야기를 하고자 한다. 그 전에 미리 말해두고 싶은 것이 하나 있다. 최근 일본에서는 초능력이라든가 초현실적인 현상 등에 관한 보고가 성행하는 듯하지만, 나와는 전혀 관계없는 세계의 이야기다. 아무리 애써봐야 숟가락은 구부러지지 않고, 장식물이 저절로 혼자 움직이는 방에 묵은 적도 없다. 미확인비행물체를 본 적도 없고 우주인과 만난 적도 없다. 요컨대 이제까지 이해하기 힘든 체험을 한 적도 없고 그러한 이야기에 거의 흥미도 없었다. '없었다'라고 과거형으로 할 필요는 없고, 지금도 여전히 그다지 관심이 없다.

　그런 내가 꿈을 꾸었다.

　꿈속에서 나는 창고처럼 보이는 건물 앞에 서 있었다.

비가 오고 있었지만 젖은 채 있었다. 얼마 뒤 건물 안에서 친구가 달려나왔다. 우리는 우산을 쓰고 빗속을 걷기 시작했다. 걷는 곳은 주변에 공터가 많은 낯선 길이었다.

문득 돌아보니, 어느새 비는 그치고 우리는 우산을 쓰지 않았다. 그리고 산비탈을 내려가고 있었다. 주위에는 풀과 나무가 없어, 모든 방향으로 시야가 탁 트였다. 계단이 있는 것은 아니지만, 위에서 아래로 직선 모양으로 쭉 이어진 그 비탈길은 어쩐지 사원의 참배길 같기도 했다. 내려가는 사람은 우리뿐이지만 올라오는 사람은 꽤 되었다. 아래로 내려가면서 올라오는 사람도 늘어나 우리 곁을 스쳐 지나갔다. 그때 친구가 걸음을 멈추고 올라오던 한 사람과 인사를 나눴다. 상대의 얼굴을 보고 나는 두 사람이 아는 사이였다는 사실에 놀랐다. 그 사람과는 나도 안면이 있었기 때문이다. 두 사람은 아주 짧은 시간 이야기를 나눴던 것 같다. 친구는 헤어질 때 주머니에서 1만 엔짜리 지폐를 꺼내 그 사람에게 건넸다. 나는 그것을 보고 친구가 그 사람에게 돈을 빌렸나 생각했다. 작별 인사를 하고 우리는 다시 그 비탈길을 내려가고, 그 사람은 천천히 비탈길을 올라갔다.

꿈은 이것뿐이다.

잠자리에서 일어난 나는 평소와 다르게 꿈의 내용이 선

명하게 기억나 이상하다고 생각하면서, 우편함에서 신문을 꺼내 책상 위에 펼쳤다. 그리고 여느 때처럼 1면부터 순서대로 넘기다 마지막 사회면을 본 순간, 놀라서 작은 소리를 냈다. 거기에는 이렇게 적혀 있었다.

"다케나카 로 씨* 별세."

그렇다, 나와 친구가 산길에서 만난 사람은 다케나카 로 씨였다.

다케나카 로 씨는 그가 만든 조어라고도 알려진 '르포라이터'를 하는 사람 중 정말 '천재'라는 말을 붙일 수 있는 예외적인 존재였다. 특히 예능세계의 가인을 묘사할 때 구사한, 약장수를 연상시키는 독특한 이야기의 리듬에는, 보통 작가가 아무리 노력해도 따라가기 힘든 생명력이 느껴졌다. 그중에서도 아라시 간주로를 주인공으로 하여 집필한 『구라마텐구의 아저씨는鞍馬天狗のおじさんは』에서, 다케나카 로 씨는 남자가 남자를 만났다고 하는 지극히 행복한 체험을 가슴 벅찬 어조로 섬세하게 묘사하는 압도적인 역량을 보여주었다.

다케나카 로 씨와 나는 딱 한 번 만난 적이 있다. 호텔 커피숍에서 만난 다케나카 로 씨는 상상 이상으로 온화하고

*    일본의 르포라이터·아나키스트·평론가.

부드러운 말투를 가진 사람이었다. 내가 몇 년 전에 쓴 서평에 대해 기뻐하며, 언젠가 사례하겠다고 말하고는 천천히 맥주잔을 입에 댔다. 5월 20일 밤 다케나카 로 씨가 꿈에 나타난 것은 불길한 암시가 아니라 합리적인 추론도 충분히 가능하다.

우선 첫 번째로, 나는 다케나카 로 씨가 암 투병하며 마지막 작업을 하고 있다는 사실을 알고 있었다. 두 번째로, 다케나카 로 씨를 사숙하는 젊은 작가가 다시 한번 만나달라고 전화한 적이 있다. 세 번째로, 잡지에 연재 중인 기사가 중단되어 어떻게 된 일인지 궁금해하고 있었다. 그러한 내용들이 머리 한편에 남아, 다케나카 로 씨의 꿈을 꾼 것이다. 그날 밤 사망은 단순한 우연에 불과하다…. 그런데 이렇게 간단하게 해석할 수도 있지만, 꿈에 나온 세부적인 부분이 묘하게도 의미가 있는 것 같아 왠지 마음에 걸렸다.

비가 내리고, 비가 멈춘다. 비탈길을 내려가는 사람이 있고 올라오는 사람이 있다. 게다가 올라오는 사람에게 돈이 건네졌다. 그건 그렇고 만일 다케나카 로 씨가 나를 만나러 왔다고 하면, 도대체 무엇을 말하려고 했을까.

그날 하루 멍하니 생각하고 있다가 무언가가 떠올랐다.

내가 다케나카 로 씨와 만났을 때 막연하게 한 가지 약속을 주고받았다. 어느 시기가 되면 어느 나라의, 어느 곳에 있는, 어떤 사람들을 만날 수 있도록 힘써주겠다는 것이다.

일본을 뛰쳐나와, 전 세계 경찰한테 쫓기고, 어느 나라의, 어느 곳에 있는, 어떤 사람들.

나는 벌써 거의 잊어버렸지만, 다케나카 로 씨는 아직 마음에 두고 있었는지도 모른다….

이튿날 꿈속에서 함께 있었던 친구를 만났다. 꿈 이야기를 하자, 그는 다 듣고 나서 진지한 목소리로 말했다.

"어쨌든 그 비탈길을 내려올 수 있어서 정말 다행이야!"

들어보니 내일 비행기를 타고 미국으로 출발한다고 한다.

그런데 만일 그 비탈길을 다케나카 로 씨와 함께 올라갔으면 우리는 어디로 갔을까. 어느 나라의, 어느 곳에서, 어떤 사람들을 만날 수 있었을까. 그렇지 않으면….

# 넥타이 저편

그날 일요일, 그는 평소와 달리 마음이 느긋했다. 사교 골프도 없고 부하 직원의 결혼식도 없었다. 친척 제사도 없고 아이들 운동회도 없었다. 게다가 아내는 초등학교 6학년 딸을 따라 도심의 입시 학원에 갔고, 중학교 2학년인 아들은 동아리활동으로 외출했다. 혼자 텔레비전을 보았지만 금방 지루해졌다. 읽다 만 비즈니스 책을 펼쳐도 흥이 나지 않았다. 그래서 백화점이라도 가볼까 생각했다. 아내가 외출하면서 마음 내키면 하라며 백중* 때 받은 선물 중 필요 없는 것을 백화점에 가져가서 상품권으로 바꿔오라고 말했기 때문이다.

그는 양주 상자를 갖고 백화점에 갔다. 특설한 임시 반품소에는 줄이 길게 늘어져 있었고 고객들은 저마다 필요

---

*　7월 15일이나 8월 15일로 지역에 따라 다르다.

없는 백중 선물을 들고 있었다. 겨우 순서가 돌아와 일종
의 교환권인 상품권을 받자, 그는 왠지 한 가지 일을 끝낸
기분이었다. 맥주라도 할까 했지만, 일요일 오후라 그런지
백화점 안의 식당은 어디나 만원이었다. 가게 안을 어슬렁
어슬렁하는 사이 어느새 신사복 넥타이 매장에 왔다. 거기
서 넥타이를 보자 불현듯 가슴이 저려왔다. 지금부터 20여
년 전 그가 대학생이었을 때의 일이 떠올랐다.

   대학생일 때 그는 여름방학과 겨울방학 때는 평소 하는
가정교사와는 별개로 니혼바시에 있는 백화점에서 아르바
이트를 했다. 처음에 일한 것이 마음에 들었는지 배치되는
곳은 언제나 특선 매장이었다. 특선 매장에는 우수 고객이
많고, 손님이 오면 베테랑 점원이 곁에서 모시며 매장을
돌았다. 점원은 손님이 쇼핑한 물건을 한데 모아 택시로
배달했다. 그는 당시 보조로 자주 따라다녔다. 익숙해지자
때로는 혼자서 배달하러 가는 때도 있었다. 고객 중 총리
를 지낸 정치가라든가 대기업 회장과 사장도 있어 그들이
어떠한 집에 사는지 아는 재미도 있었다. 게다가 물건을
전달하러 갔을 때 받는 방식도 천차만별이었다. 일부러 뒷
문으로 돌아오게 해서 가정부에게 전달하도록 하는 집이
있는가 하면 텔레비전이나 잡지에서 본 적 있는 저명한 재
계인사가 스스럼없이 현관까지 나오는 집도 있었고, 또 수

고한다며 역으로 프랑스제 양말 세트를 주는 집도 있었다. 하지만 특선 매장에서 경험한 일 중 가장 흥미 있었던 것은, 넥타이 매장에 혼자 서서 고객에게 상품을 안내한 일이었다. 매장에서 일한 지 2년째가 되는 여름, 어떤 이유에서인지 허락이 떨어졌다.

진열장에는 국산 넥타이와 나란히 프랑스제와 이탈리아제가 전시되어 있었는데, 가격은 국산품의 거의 두 배, 그의 일당 8~10일분에 해당하는 고가였다. 그중 한 개, 그의 마음에 꼭 드는 넥타이가 있었다. 오렌지와 그린, 골드라는 대체로 일본인에게는 어울릴 것 같지 않은 배색이었지만 소재도 디자인도 아주 멋있었다. 자신이 살 형편도 안 되고 설령 살 수 있다고 해도 맬 것 같지 않지만, 하루 종일 그것이 팔리지 않으면 왠지 마음이 놓였다. 개중에는 보여달라는 손님도 있었지만, 이유를 붙여 넌지시 사지 않도록 유도할 때도 있었다. 그런데 어느 날, 그와 같은 또래의 젊은이가 진열장 앞으로 왔다. 흰색 폴로 셔츠에 청바지, 로퍼를 신은 산뜻한 모습의 젊은이는 잠시 바라본 뒤 그 넥타이를 가리키며 말했다.

"저거 주세요."

그러고는 뒷주머니에서 대수롭지 않게 돈을 꺼내더니 1만 엔짜리 지폐를 진열장 위에 올려놓았다. 넥타이를 포장하고 거스름돈과 함께 건네자, 젊은이는 고맙다고 예의 바르게 인사하고 떠났다. 그는 패배감에 정신적으로 큰 타격을 입었다. 그 젊은이가 자기 일당의 열흘 치에 해당하는 금액의 물건을 아무렇지도 않게 샀다는 사실뿐만 아니라 진열장을 단지 한번 훑어보고 그 넥타이를 골라냈다는 점, 더구나 그 젊은이라면 어울릴지도 모른다고 인정할 수밖에 없는 현실이 그에게 깊은 패배감을 맛보게 했다. 그는 젊은이의 뒷모습을 바라보면서 가슴속으로 몇 번이나 중얼거렸다. 두고 보자, 나중에 두고 보자, 라고.

신사복 매장에서 넥타이를 바라보다 가슴이 저려온 것은 당시의 기억이 너무도 생생하게 되살아났기 때문이었다. 그러고보니 자신은 그때 '나중에' 무엇이 되어 보여주려고 한 것일까. 이제는 확실하지 않게 되었지만, 적어도 지금의 자신처럼, 마루노우치*에 있는 회사에 근무하고, 결혼하고, 두 아이를 낳고, 집을 짓고, 그리고 백중 때 받은 선물을 상품권으로 교환하기 위해 백화점에 가는, 그러한 인생이 아니었던 것만은 분명하다….
멍하니 진열대를 보고 있는데, 이탈리아의 유명한 브랜

* 　도쿄 지요다구에 있는 지역.

드 넥타이 중에 20년 전에 마음이 끌렸던 것과 아주 비슷한 넥타이가 있었다. 골드 부분이 초록색으로 바뀌었을 뿐, 나머지는 놀랄 만큼 비슷했다. 금액도 마침 조금 전 바꾼 상품권으로 살 수 있는 범위 안에 있었다. 순간 살까 했지만 금방 바보 같다며 생각을 바꾸었다. 이렇게 화려한 넥타이를 매고 회사에 갈 수도 없고, 그것을 매고 놀러 갈 만한 장소도 알지 못한다. 그리고 거기서 두세 발걸음을 옮긴 순간, 그는 앞서 느낀 저린 감정과는 견줄 수 없는 깊은 슬픔에 사로잡혔다. 오렌지와 그린과 골드 넥타이 앞에 펼쳐져 있던 인생의 가능성 중, 극히 일부밖에 살지 못했다는 사실을 뼈저리게 느꼈기 때문이다.

# 축제 뒤

우리는 호텔 1층 커피숍에서 마지막 점심을 먹었다. 바깥에는 비가 내리고 있었다. 유리창 저편에 있는 바다도 회색빛으로 뿌옇게 보였다. 그것이 축제 뒤의 쓸쓸한 분위기를 한층 더 돋우었다. '장소'는 미국 동부의 카지노 도시 애틀랜틱시티, '축제'는 헤비급 타이틀 매치. 나와 그는 취재하러 각각 일주일 정도 애틀랜틱시티에 머물렀다.

28세의 챔피언과 42세 도전자의 시합은 이미 이틀 전에 끝났다. 지금은 이미 '축제'의 주역이었던 권투 선수도, 프로모터와 저널리스트 같은 조역도 대부분 이곳을 떠났다. 그리고 그도 이 식사가 끝나면 호텔에서 철수할 예정이다.

"이번에는 일본어로 많이 이야기했네."

미국에서 일하는 복싱 카메라맨인 그가 혼잣말처럼 중얼거렸다.

“나도 그래요.”

오랜만에 복싱 시합을 취재한 내가 대답했다. 외국에 나가도 혼자 일하는 때가 많은 나는, 이번처럼 일본어를 마음껏 말하는 경우가 거의 없었다. 이번에 가능했던 것은 오래전부터 알고 지낸 그가 함께 있었던 덕분이다.

애당초 내가 이 축제를 보려고 마음먹은 것도 로스앤젤레스에 있는 그가 전화로 이야기해준 덕분이라고 할 수 있다. 카리브해의 작은 섬에서 훈련 중인 도전자를 며칠 전 취재하고 막 돌아왔다는 그는, 찬탄을 머금은 말투로 이렇게 말했다. 42세의 도전자가 매일 아침저녁으로 바나나 밭 사이의 긴 산길을 오르내려. 헬스장 훈련 프로그램도 웨이트 트레이닝도 열심히 소화해내고 있어. 복싱 관계자는 얕보지만, 그는 분명히 무언가를 보여줄 거야, 라고. 그리고 그 말대로 42세 도전자는 28세 챔피언과의 시합에서 선전해 우리의 가슴을 뜨겁게 달궈놓았다.

도전자와 같은 세대에 속하는 우리는 좀더 쾌활한 모습으로 있을 수도 있었다. 하지만 ‘축제’가 끝났다는 이유만이 아닌 쓸쓸함이 우리의 대화를 중간중간 끊어지게 했다.

“앞으로 어떻게 할 거예요.”

잠시 뒤 내가 물었다.

“필라델피아까지 미니버스로 나가서 곧장 로스앤젤레

스로 갈 거야."

나는 뉴욕까지 버스로 가서 도쿄로 돌아갈 예정이라고 말했다.

"언제 다시 같이 복싱을 볼 수 있을까."

그가 말했다.

전에 만난 것은 1년 전 도쿄 돔에서 열린 세계 타이틀 매치였다. 그 이전은 11년 전 라스베이거스까지 거슬러 올라가야 한다. 그런 식으로 하면 내년에 또 만날 수도 있지만, 21세기에 열리는 세계 타이틀 매치까지 함께 보기는 어려울지도 모른다. 그때 우리는 어떻게 되어 있을까….

"로스앤젤레스로 돌아가면 뭐 할 거예요."

내가 물으니, 그는 약간 눈이 부신 듯한 표정으로 말했다.

"필름을 잡지사로 보내고 나서 다음 시합까지 멍하니 지낼 거야."

"멍하니, 뭐 하는데요?"

"커피를 타기도 하고, 파이프 담배를 피우기도 하고."

"그리고?"

"창밖을 바라보는 일이 많을지도."

"그것뿐이에요?"

"그것뿐이야."

그는 로스앤젤레스 교외 바닷가의 고층 아파트에서 혼자 산다.

"전에 개가 있을 때는 자주 일본어로 말했는데."

"개와 말한다고요?"

"그럼, 그 녀석하고는 자주 말했어. 너도 그렇게 생각하지라고 물으면 멍멍하고 대답하고 오른쪽을 보라고 하면 그쪽으로 얼굴을 돌리고 그랬어."

그 개도 이제 죽고, 그는 이제 오로지 혼자 살아간다. 개 말고 누구랑 함께 지낼 생각은 없는 걸까…. 그러자 내 속마음을 알아챈 듯 말했다.

"이 나이 먹어 결혼할 일은 이제 없을 것 같아."

"그렇게 결정했습니까."

"결정한 건 아니지만, 누구와 사는 건 무리 같아서…."

홋카이도 출신인 그는 한때 일본에서 손꼽는 권투 선수였다. 한 걸음만 더 가면 챔피언 자리에 오를 수 있는 곳까지 갔지만, 결국 꿈을 이루지 못했다. 그뒤 단신으로 미국에 건너와 그림 공부를 하고, 테크니컬 일러스트레이션이라는 기술을 익혔다. 그런데 우연한 기회에 손에 넣은 카메라로, 이번에는 어느덧 복싱을 촬영하는 사람이 되었다.

"기억에 남는 사람은 없습니까?"

조금 너무 깊게 들어갔나 생각하면서 물으니, 얼마쯤 뜸을 들이다 답변이 돌아왔다.

"한 사람 있지."

잠자코 있으니, 그가 먼저 입을 열었다.

예전에, 평소 신세 지던 일본계 지인 집에서 신년을 보낸 적이 있었다. 그때 홋카이도 집에는 제대로 연락하고 있는지 물어와 아니오, 라고 대답하니, 그 지인이 지금 바로 여기서 전화하라고 명령하듯 말했다. 국제전화를 신청하니 바로 도쿄의 전화교환원으로부터 집 전화번호가 없다고 회신이 왔다. 이상하다고 여기면서 끊으니, 잠시 뒤 그 교환원에게 또 전화가 걸려 왔다. 자세히 조사해보니 그 지역은 국번이 바뀌어 이 번호로 바뀌었습니다만 연결할까요, 라고. 그는 뜻밖의 친절이 고마워 교환원에게 이름과 주소를 물어보았다. 여행지 어디에선가 감사 편지 대신 엽서를 보내고 싶었다. 그녀는 이름을 밝히고 주소를 가르쳐주었다. 그리고 지금은 도쿄에서 기숙사생활을 하지만, 실은 자신도 홋카이도 출신이라고 말했다….

"그 사람이 마음에 남아 있어요?"

"응, 그 사람이 마음에 남아 있어."

이후 그 교환원과의 이야기가 어떻게 발전했는지, 아니면 진전이 없었는지 굳이 나는 물으려고 하지 않았다. 미국 전 지역에서 복싱 시합을 찾아 돌아다니는 40이 넘은 남자가 아파트 방에서 파이프 담배를 피우며 바다를 본다. 그때 문득 마음을 스치는 것이, 웬일인지 수화기 맞은편에서 들려온 동향의 교환원 목소리다…. 그것만으로 충분하다고 생각했기 때문이다.

커피숍을 나오자, 그는 어깨 언저리까지 손을 올리고 가볍게 주먹을 쥐었다. 나도 마찬가지로 주먹을 쥐고, 그것으로 작별 인사를 대신했다.

# 마돈나의 「라이크 어 버진Like a virgin」

애틀랜틱시티에서 복싱 취재를 마치자, 나는 뉴욕에 들러 맨해튼의 일본인 탐정 핫시와 만났다. 그와 뉴욕의 범죄 다발지역을 차로 둘러보기로 약속했기 때문이다.

핫시 즉 하시모토 시게오는 과거 뉴욕시 경찰의 언더커버로 활동했는데, 지금은 맨해튼에서 사립 탐정사무소를 개업해 운영한다. 지난해 가을 만났을 때는 그가 걸어온 길에 관해 들었을 뿐, 그가 실제로 살아왔던 곳을 보지는 못했다. 그도 이 점을 아쉬워해 다음에는 꼭 사우스 브롱크스를 비롯한 몇몇 장소를 안내하고 싶다고 말했다. 이번에 그 약속을 실행하게 된 것이다. 호텔로 마중 나온 핫시와 먼저 주택가에 있는 헝가리 음식점에서 점심을 먹고, 뉴욕에서도 여간해서는 발을 들이지 않는다는 사우스 브롱크스를 향해 차를 몰았다. 도로를 달리면서 도로의 특징과 구역에 관해 설명해주었다. 여기에 왜 자동차 정비소가 많은지. 여기에 왜 푸에르토리코계가 많이 살게 되었는지. 여기는 밤이 되면 어떠한 거리로 변하는지….

"여기에 가라테 도장이 있었어."

도중에 차의 속도를 늦추고 그는 향수를 느끼듯 말했다. 서부에서 뉴욕으로 흘러들어온 그는 한때 잠시 브롱크스의 가라테 도장에서 숙식을 해결했다. 수련생은 푸에르토리코계가 많았는지 물었다.

"아니, 도장 주인이 흑인이어서 흑인이 많았어. 그것도 키가 크고 몸집이 큰 남자뿐이었어."

가랑비가 흩뿌리는 가운데 사우스 브롱크스 안쪽 깊숙이 둘러보고 있는데, 핫시가 그러고보니까, 라고 말을 꺼냈다.


그 도장에서 가르치던 때 일이라고 한다. 배우러 오는 수련생 중에는 흑인이 많아 대화에 끼지 못했다. 그들의 말에는 흑인 특유의 표현법과 억양이 있어서 이해하기 어려웠기 때문이다. 더구나 핫시가 뭔가 말하면 그 말투를 과장해서 발음하고는 웃음거리로 삼았다. 점차 수련생과는 말을 나누지 않게 되자 핫시는 그만큼 대화에 목말라했다. 그래서 그는 없는 돈을 아껴, 오로지 말동무를 찾기 위해 학교에 다니기로 했다. 선택한 곳은 뉴욕 미술학교였다. 거기라면 따로 공부하지 않아도 되지 않을까 생각했기

마돈나의 「라이크 어 버진Like a virgin」

때문이다. 하지만 학기 도중에 들어가, 학생들 사이에 이미 집단이 형성되어 있어서 좀처럼 말동무를 찾지 못했다. 핫시는 휴식 시간이나 점심시간도 혼자 덩그러니 있는 일이 많았다.

그날도 학생 식당 테이블에 혼자 앉아 있었다. 점심때인데도 돈이 없어 먹지도 못했다. 아니, 매점에서 사과와 빵을 하나씩 샀지만, 그것은 저녁 몫으로 남겨두었다. 허우대가 큰 수련생들 상대로 격한 훈련을 하기에 배를 채워두지 않으면 도저히 버티지 못했다.

식당 테이블에 홀로 앉아 있는데, 한 여성이 다가와 그 앞에 앉았다. 그녀는 교실에서 데생하는 학생들을 위해 여러 가지 포즈를 취해주는 누드모델이었다. 몇 사람 있는 모델 중에서도 그녀는 유달리 특이했다. 어딘가 오만한 구석이 있고, 지각해도 아랑곳하지 않는 태도를 보였다. 이를테면 교실에 들어오자마자, 모든 사람이 보는 앞에서 졸도했다. 당황해서 누군가가 달려오면 웃으며 일어났다. 그 모델이 자기 앞에 앉은 것은 좋지만 돈이 없어 커피를 권할 수도 없었다. 어떻게 하지 망설인 끝에 핫시는 봉지 속 사과를 꺼냈다. 그것은 저녁때 먹을 귀중한 음식이었지만, 빈털터리라 어쩔 수 없었다. 그는 사과 줄기 쪽에 양손 엄지손가락을 넣고 살짝 힘을 가했다. 그러자 사과가 두 쪽으로 쫙 갈라졌다.

"어머!"

놀란 표정을 지은 그녀에게 핫시는 사과 반쪽을 내밀었다. 이를 계기로 두 사람은 말을 나누고 때로는 함께 커피를 마시러 가기도 했다. 모델 수입으로 노래와 무용을 배운다는 그녀는 자주 이렇게 말했다.

"난 언제까지 이런 일이나 하고 있지 않을 거야. 꼭 언젠가는 음반을 내고 영화도 찍을 거야."

하지만 그렇다고 해서 두 사람 사이가 어떻게 발전할 정도로 친밀해진 것도 아니다. 핫시는 거기서 스코틀랜드 출신 여성과 사귀어 동거하게 되고, 그녀도 머지않아 학교에 나오지 않게 되었기 때문이다.

핫시가 오랜만에 그녀를 만난 것은 맨해튼의 포장된 길을 걷고 있을 때도 아니고, 레스토랑에서 식사할 때도 아니다. 그녀는 텔레비전에서 「라이크 어 버진」이라는 노래를 부르고 있었다. 그녀는 '마돈나'가 되어 있었다….

"그거, 진짜예요?"

내가 묻자, 핸들을 쥐고 앞을 바라본 채 그는 담담하게 말했다.

"진짜야."

마돈나의 「라이크 어 버진Like a virgin」

237

"뭐 묘한 기분이 들지 않았나요?"

"딱히."

이것이 뉴욕이라는 거리에서 살아가는 사람의 감각인지도 모르겠다. 데생할 때 누드모델이었던 여성이 어느새 당대 최고의 섹스 심벌이 된다. 지금도 이러한 이야기가 간단하게 실현되는 거리로서 뉴욕은 존재하는 것 같다. 노숙자 행색의 여성이 쇼핑 카트를 끌고 우리 차 옆을 지나간다. 뒷머리가 금발인 것을 보고 그녀가 '마돈나'가 되고, '마돈나'가 그녀가 된다 해도 이상하지 않다는 묘한 느낌에 사로잡혔다. 이 거리에는 어떠한 일도 일어날 수 있으니까….

그러한 느낌을 말하자, 아니라고 핫시는 말했다.

"예전 그녀에게는 어디에도 금발 머리 따위는 없었어."

# 이발사의 휴일

월요일 아침에 있었던 일이다. 세타가야구 다이시도에서 이발소를 하는 고이즈미 신지 씨는 버스 정류장에 가려고 가게 앞에서 신호가 바뀌기를 기다리고 있었다. 그때 지나가던 아주머니가 말을 걸었다.

"평일에 등산을 가시다니 팔자가 좋으신데요."

정말 다른 사람이 보면 하이킹이라도 가는 것 아닌가 착각할 정도의 모습을 하고 있었다. 운동화를 신고 배낭을 둘러멨다. 더구나 목적지는 다카오*다. 하지만 가방 안에 들어 있는 것은 도시락과 카메라가 아니라 일하는 데 필요한 도구 한 벌이었다.

* 도쿄 하치오지시에 있는 지역으로 등산객이 많이 찾는 다카오산이 있다.

원래는 정기 휴일인 월요일은 평소 제대로 놀아주지 못하는 아이들을 위해 써야 하는 날이었다. 그런데 일주일쯤 전에 연세가 일흔일곱인 단골 할머니한테 전화가 왔다. 아픈 다리를 어떻게 해보려고 마사지사의 소개로 카이로프랙틱 치료를 받았는데 돌팔이를 만났던 모양이었다. 치료할 때 허리를 발로 밟듯이 몸을 거칠게 다루어 뼈에 금이 가고 말았다는 것이다. 외출하기 어려워, 당분간은 거기까지 못할 성싶다는 내용의 전화였다. 고이즈미 씨는 그 할머니가 다카오에서 혼자 산다는 사실을 알고 있었다. 가게에 처음 왔을 때는 다이시도 근처에 살았던 것 같은데, 다카오로 이사 가고 나서도 일부러 세타가야구까지 찾아왔다. 하지만 오는 것만으로도 지칠 것 같아, 어느 때인가 근처 이발소에 가면 어떠냐고 권유한 적이 있다. 이 말을 듣고 할머니는 나는 한번 마음에 들면 바꾸거나 하지 않아요, 라고 대답했다. 할머니는 이발소에 오면 늘 머리 자르고, 염색하고, 얼굴 잔털을 정리한 뒤 깔끔하게 한 다음 돌아갔다.

그런 할머니가 허리를 다쳐 이발소에 오지 못한다고 한다. 누군가는 이제 나이가 일흔일곱이나 되고 거기다 혼자 사니까 머리가 좀 길어도 참을 수 있겠지, 다소 머리가 희끗희끗해져도 괜찮지 않을까 생각할지 모른다. 하지만 고

이즈미 씨에게는 할머니가 일흔일곱이 되었고, 혼자 사니까 깔끔한 머리 관리가 오히려 필요할 것 같았다. 다른 사람에게 신세 지지 않고 혼자 의연하게 살아가기 위해서도 항상 자신을 단정히 하는 게, 할머니에게는 틀림없이 필요했을 것이다.

"댁으로 찾아뵐까요."

고이즈미 씨가 그렇게 말하자, 할머니가 수화기 건너편에서 기쁜 듯 큰 목소리로 말했다.

"그렇게 해주실 수 있어요?"

그는 할머니에게 집으로 가는 교통편을 묻고, 정기 휴일에 방문하기로 약속했다. 그날이 지난 월요일이었다. 버스로 시모키타자와에 가서, 이노카시라선을 타고 메이다이마에역에서 하차해 게이오선으로 갈아타고 다카오역에 내려 다시 버스를 탔다.

고이즈미 씨가 단지 6층에 있는 집에 도착하자, 할머니는 우선 차와 채소 절임을 내왔다. 잠깐 쉰 뒤 그는 주방과 식탁이 있는 마룻바닥에 신문지를 깔고, 거기에 아래층 주민이 빌려준 의자를 놓은 뒤, 배낭에서 작업 도구를 꺼냈다. 머리를 자르기 위한 커트 가위, 머리숱을 치기 위한 숱 가위, 눈썹을 자르기 위한 미니 가위, 커트 단계별로 사용하는 거친 빗, 가르마 빗, 스타일링 빗, 얼굴 잔털을 정리하기 위한 면도칼, 면도 컵, 면도솔, 면도용 가루비누, 로션, 염색약 A와 B, 염색 볼, 염색 솔, 염색 빗, 거기에 자른 머리 카락이 옷에 붙지 않도록 하기 위한 커트보, 수건, 목 종이, 머리카락 털이개. 빠진 것 없이 만반의 준비를 갖추었다.

머리 손질을 하면서 고이즈미 씨는 할머니의 지금까지의 인생에 관해 여러 이야기를 들었다. 전쟁에서 배우자를 잃은 일. 전후에는 여자 혼자 힘으로 장사를 시작해 집 한 채 장만하기도 했지만, 화재로 타버려 모든 것이 허사가 되어 그날그날 하루 벌어 하루 살게 되었다고 한다.

술도 마시고 도박도 했다고 했는데 그중에서도 경륜이 재미있어 선수를 쫓아 전 일본을 돈 적도 있다고 말했다. 그러한 이야기를 들으며 머리를 자르고, 염색하고, 얼굴 잔털도 다듬었다. 하지만 할머니는 몸이 상당히 불편한 듯 15분도 같은 자세로 있지 못했다. 잠시 누웠다가 다시 하는 식으로 진행되어 거의 2시가 되어서야 모든 게 끝났다.

도구를 정리하기 시작하자, 할머니는 요금이 얼마냐고 물었다. "미용실에서 받는 금액과 똑같이 주시면 됩니다." 그가 이렇게 말하자, 할머니는 옛날식의 큰 주판을 꺼내 교통비를 계산하기 시작했다. 가게에서 시모키타자와까지의 버스요금, 시모키타자와에서 다카오까지의 전철 요금, 다카오에서 단지까지 버스 요금…. 그리고 얼추 계산을 끝내자, 거기에 2000엔 정도 얹어서 지급해주었다. 하루 일당으로는 결코 많은 금액은 아니었지만 고맙게 받기로 했다.

집에 돌아오니, 일할 때 의자 높이가 안 맞아 불편했던 탓인지 허리가 아팠다. 그래서 아이의 같은 반 친구 할아버지라는 사람에게 마사지를 받기로 했다. 간판을 내건 것은 아니지만, 솜씨는 괜찮다는 평이었다. 그 집에 가니, 노인은 왠지 '야쿠르트 터프맨'*을 건네며 이것을 마시면서 기다리라고 했다. 잠시 뒤 나온 노인을 보고 고이즈미 씨는 놀랐다. 흰옷을 입은 것은 괜찮은데, 흰 마스크를 쓰고 흰 모자까지 썼다. 마치 수술하는 의사와 같은 차림이었다. 마사지를 받으면서 고이즈미 씨는 또 일흔 중반의 노인 이야기를 듣게 되었다.

이야기를 들으면서 꾸벅꾸벅 졸기 시작하자, 노인은 갑자기 어머니와 태아 사이에는 탯줄이 있는데, 그 탯줄에 몇 개의 동맥과 정맥이 지나가는지 아느냐고 물었다.

"하나씩인가요?"

그가 대답하자 노인은 아니라고 말했다.

* 야쿠르트 혼샤에서 만든 건강 음료.

"동맥 두 개에 정맥은 한 개. 동맥 한 개는 어머니로부터 영양분을 받지요. 정맥 한 개는 노폐물을 어머니에게 다시 보내고요. 나머지 하나의 동맥은 신이 태아에게 선물을 보내주는 길입니다."

신에게 선물 받는 길. 그렇구나, 정말인지는 모르지만 꽤 멋있는 말을 하는 노인이라고 생각하며 내심 감탄했다. 그리고 다시 졸음이 몰려오면서 오늘은 왠지 이상한 월요일이라는 생각이 들었다….

# 햇병아리의 옹알이

나, 가자마. 서른 살, 만화가입니다.

이 말은 거짓말입니다. 만화가가 되고 싶지만, 만화가로서 일하는 것은 아니기 때문에 진짜 만화가는 아닙니다. 단순한 만화가 지망생, 좋게 말해 햇병아리 만화가입니다. 왜 서른에 나이 든 병아리가 생겼는가 하면….

나는 어린 시절부터 그림 그리기를 좋아했습니다. 고향이 야마나시현의 시골이기도 해서 근처 사찰 경내에서 여자아이 그림 같은 것을 그리며 놀았습니다. 지나가는 아주머니가 "어머나, 잘 그리는데"라고 칭찬해주어 즐거워했던 기억이 납니다. 그러다 만화 잡지 『리혼りほん』에 연재한 쓰치다 요시코의 영향을 받아 개그 만화를 갱지에 그리곤 했습니다. 만화가가 되고 싶다는 마음은 학교를 졸업하고 일하면서도 항상 머릿속 어딘가에 남아 있었습니다. 야마

나시에서 도쿄로 나온 것도 어떻게 해서든 만화 그리는 길을 찾아보려고 생각했기 때문입니다. 하지만 아르바이트로 들어간 회사가 너무 편했고 나중에는 사원으로 일하게 되면서 만화는 점점 멀어져갔습니다. 나는 내심 초조해하면서 역시 꿈은 꿈으로 끝나는구나 하며 거의 체념 상태에 있었습니다.

그런데 지난해 우연히 진짜 만화가를 알게 되었습니다. 왠지 모르게 나의 상황을 말하자, 왜 그렇게 복잡하게 생각하냐고 만화가는 말했습니다. "정말 만화를 그리고 싶으면 만화 그릴 시간을 더 만들면 되잖아. 사는 곳도 더 저렴한 다세대 주택으로 옮기면 되지 않을까." 그 말을 듣고 아 그렇구나 하고 어리석은 나는 처음으로 깨달았습니다. 도쿄에서는 비참한 생활을 하기 싫다는 마음에 설사 원룸이라도 욕실이 딸린 아파트에 살아야지, 라고 굳게 결심했지만, 정말 하고 싶은 일을 한다면 어떤 허름한 집에 살아도 상관없었던 것입니다. 더구나, 하고 나는 생각했습니다. 이제까지 나는 인생을 열심히 살지 않았다. '해냈다!'라는 쾌감을 느끼지 못하고 쭉 지내왔다. 이미 너무 늦었는지도 모르지만, 딱 한 번이라도 열심히 해볼까…. 그래서 무모한지 알면서도 회사를 그만두기로 했습니다. 어쨌든 만화 그리기를 우선으로 하고, 일은 최소한의 생활비를 벌기 위해서만 하기로 정했습니다. 이를 위해 우선 '허름한 다세대 주택'을 찾았습니다. 그러자 찾으면 있다고, 역에서 멀고 오래되기는 했어도 스기나미구에 월 2만 엔의 다세대 주택이 눈에 띄었습니다.

그곳은 같은 부지에 두 동의 다세대 주택이 세워져 있고 입주자는 전원 여성이었습니다. 물론 방에 욕실은 없지만 공동 목욕탕이 있었습니다. 집주인인 할머니 집에서 한 개에 80엔짜리 코인을 사, 그것을 목욕탕 안의 온수기에 넣으면 뜨거운 물 100리터가 나오는 방식입니다. 이 코인 서너 개면 한 번 탕에 몸을 담글 수 있습니다. 오늘은 절약해 샤워만 하자고 한 개만 넣으면 중간에 갑자기 냉수로 바뀌어 '악' 하고 비명을 지르는 일도 생깁니다.


그 '허름한 집'에서 나는 매일 만화를 그렸습니다. 이름하여 '만화 일기'. 그날 있었던 일에 살짝 만화적인 요소를 가미해 여덟 컷 만화를 완성합니다. 그것을 복사하여 친구와 지인에게 보냅니다. 이 중에서 가장 반응이 좋았던 것은 '유적 발굴 아르바이트' 편입니다. 그 일은 수입이 나오는 데도 없고, 단지 만화만 그리고 있는 나를 차마 보지 못한 연상의 친구가 과거 자신도 했다며 소개해준 일자리였습니다. 무엇보다 일주일에 사흘 이상 일하면 된다는 조건이 매력적이었습니다. 장소가 와세다라는 점도 한번 해볼까 생각한 이유 중 하나입니다. 그렇다고 해도 유적 발굴을 도쿄 한가운데서 한다고는 생각지도 못했습니다.

유적지에서 했던 일은 '엔피를 이용한 흙 파기'와 '조렌 작업' 두 가지였습니다. 사전을 보면 엔피의 한자 표기는 '円匙'로 소형 삽이고, 조렌*의 한자 표기는 '鋤簾'로 흙이나 모래를 긁어모으는 도구라고 되어 있습니다. 즉 엔피로 몇십 센티미터 깊이까지 흙을 파고, 그 흙을 컨베이어벨트로 옮기면, 그곳을 조렌으로 깎아 평평하게 고르는 일이 아르바이트의 업무입니다.

이중 조렌 작업이 어려웠습니다. 베테랑이 하면 사각사각 부드러운 소리를 내며 롤러 작업을 한 것처럼 평평하게 되는데, 내가 하면 아무리 해도 울퉁불퉁하고 층이 많이 졌습니다. 선배가 여러모로 지도해주었지만, 좀처럼 숙달되지 않았습니다. 그런데 일주일 정도 지난 어느 날, 거의 힘을 들이지 않는데도 흙이 사각사각 깎이기 시작해 저절로 평평해졌습니다. 그때는 정말 기뻤습니다. 문제는 조렌의 날과 흙이 닿는 각도였다는 사실을 겨우 깨달았습니다.

조렌 작업은 힘들었지만, 엔피로 흙을 파는 것은 금방

---

*　고무래처럼 생겨 유적 발굴 시 바닥을 고르는 데 사용한다.

습득했습니다. 현장 일도 그럭저럭 익숙해지고, 아르바이트하는 사람 가운데 친하게 지내는 사람도 생기고, 일당도 나쁘지 않았지만 결국 얼마 뒤 그만두기로 했습니다. 몸이 힘들어 도저히 만화를 그릴 수 없었기 때문입니다.

이외에도 이사하여 사라진 추억의 커튼이라든지 나의 '허름한 다세대 주택'의 닫혀 있는 방이라든지 택배로 받는 무농약 채소에 붙어 있던 배추벌레라든지 만화로 만들어서 모두가 재미있어했던 이야기는 몇 가지 더 있습니다.

*

하지만 모든 일이 다 만화가 될 수 있는 것은 아닙니다. 며칠 전, 대학병원에 갔습니다. 위 상태가 좋지 않고 척추도 아파 큰 병원에서 정확한 검사를 받기로 했던 것입니다. 증상을 말하니 췌장 검사가 필요하다고 말했습니다. 채혈한 뒤 초음파 예약 검사표를 들고 접수하러 가는데, 문득 비고란을 보니 "췌장암 의심"이라고 쓰여 있는 겁니다. 나는 정말 눈앞이 캄캄해졌습니다. 돌아오는 길에 서점에서 『가정 의학』 같은 책을 몇 권 서서 읽고 더 절망적인 기분에 빠졌습니다.

집으로 돌아온 나는 가만히 있을 수 없어 방을 정리하고 빨래를 두 번이나 했습니다. 검사는 5일 뒤였지만, 그때까지 전전긍긍하고 있으면 이상해질 것 같아 이튿날 야마나시현에 있을 때 신세 진 적이 있는 의사 선생님을 만나러 갔습니다. 사정을 설명하자, 선생님은 대학 병원의 부주의에 분통을 터뜨리며 비고란에 그렇게 적혀 있는 것은 검사를 자세히 하기 위한 것이에요, 라고 말씀하신 뒤 실제로 췌장 초음파검사를 해 이상이 없다고 알려주었습니다. 그 말을 들으니, 눈물이 흘러나왔습니다. 그로부터 4일 뒤 다소 불안해하며 대학 병원에 가니, 역시 이상이 없다고 했습니다. 그날부터 보이는 것 모두가 아름답게, 먹는 음식 모두가 맛있게 느껴졌습니다. 하지만 그 내용은 아무래도 '만화 일기'에는 그리지 못했습니다.

얼마 전, '만화 일기'를 받아보는 지인 남편으로부터 뜻하지 않은 연락이 왔습니다. 그분이 편집하는 경마 관련 잡지에 네 컷 만화를 그리지 않겠느냐는 내용이었습니다. 하지만 몇 개의 후보작과 비교하고 싶으니까 '오디션'용의 작품을 두세 편 그려보라는 것이 조건이었습니다.

나는 의욕에 불탔습니다. 어쩌면 만화가로서 최초의 일이 될지도 모르는 일이었습니다. 자랑이 아니지만 나는 경마를 전혀 알지 못했습니다. 그래서 우선 경마 관련 신문을 사보기로 했습니다만, 판매대에 종류가 많고 어느 것

을 사야 좋을지 전혀 판단이 서지 않아 거기 있는 여덟 가지 신문을 전부 사기로 했습니다. 그런데 가격을 물으니 2400엔이라고 하지 않겠습니까. 2400엔! 경마 신문이 그렇게 비싼지 몰랐습니다. 2400엔이라면 나의 며칠분 식비에 해당합니다. 그렇다고 이제 와서 물리겠다고 할 수도 없어 울며 겨자 먹기로 『게이바 에이트競馬エイトだ』라든가 『나인ナイン』이라든가 하는 신문을 끌어안고 돌아왔습니다.

방에서 읽어보았지만 나 같은 사람은 전혀 이해할 수 없는 내용이었습니다. 그래도 말 두세 필은 이름이 마음에 들었습니다. 한번 정도는 마권을 사보자는 마음에 친구에게 전화했습니다.

"마권은 경마장에서만 팔아?"

물으니 가까운 데서도 살 수 있다고 알려주었습니다. 그래, 요즘은 여러 가지로 편리하구나 감탄하며 친구가 알려준 가게에 가니 점원이 의아한 듯한 표정을 지었습니다. 그렇습니다. 친구는 '세븐일레븐'에서도 마권을 살 수 있다고 거짓말을 한 것입니다. 이야기를 다소 과장해서 만화로 만들었더니, 프로 만화가와 한 달씩 교대로 만화를 그리게 되었습니다.

"해냈다!"

원고료도 한 편당 5000엔을 주겠다고 합니다. 아주 높은 것 같지만 잘 생각해보면 두 달에 한 편밖에 그리지 않으니까 한 달 수입은 2500엔입니다.

어제 자전거를 타고 이노카시라 공원에 갔습니다. 연못을 보면서 멍하니 있으니 두 남자가 말을 걸며 접근해왔습니다. 한 명은 코코아캔에 칼피스 얼린 것을 들고 걷던 전직 대학교수라는 사람인데 그는 "다음에 드라이브라도 합시다"라고 말했습니다. 다른 한 명은 사법시험에 계속 응시하고 있다는 서른세 살의 학생으로, 그는 "인생 오르막이 있으면 내리막도 있지요"라고 말했습니다. 어쩌면 이것은 헌팅이라기보다 삶에 대한 격려일 뿐인지도 모른다고 다코야키 가게 앞에서 다코야키가 구워지기를 기다리면서 생각했습니다.

나, 가자마, 서른 살, 햇병아리 만화가입니다.

이 말은 거짓말입니다. 얼마 전 서른한 살이 되었기 때문입니다. 서른한 살 생일에 동물원에 갔습니다. 곰과 원숭이와 코끼리와 사자와 새로 온 프레리도그와 낙타들이 있었습니다. 그 동물들이 웃는 모습은 보지 못했지만 지루해 보이거나 슬퍼 보이는 얼굴은 자주 본 것 같습니다. 그래서 그날의 '만화 일기' 마지막에, 동물들이 잘 때 즐거운

듯이 웃는 꿈을 꾸는 나를 그리고 끝에 다음과 같은 글을
집어넣었습니다.
"가자마, 서른한 살, 살짝 감상에 젖은 생일…."

# 별과 무지개

나는 오후 8시 신주쿠발 '아즈사 33호'*를 타고 다치카와를 지날 무렵 에키벤**을 꺼냈다. 원래 예정대로면 조금 더 근사한 저녁을 먹을 수 있었는데, 갑자기 일정이 바뀌어 이날의 마지막 식사를 간편한 '마쿠노우치 벤토'***로 하게 된 것이다.

그날은 아침부터 '그네들이 사는 법' 원고를 썼다. 써야 할 대상은 일쩌감치 정해졌다. '이 사람이야말로 딱'이라고 할 만한 인물이 있었다. 취재는 이미 끝났고 쓸 내용도 알고 있다고 생각했다. 그런데 어떤 이유에서인지 붓이

*　도쿄 신주쿠역에서 나가노현 마쓰모토역을 운행하는 특급열차.

**　역 구내나 기차 안에서 파는 도시락.

***　밥과 생선, 튀김, 절임 등을 함께 담은 일본의 대표적인 도시락으로, 기차역에서 판매하는 에키벤의 대표적인 구성 중 하나다.

잘 나가지 않았다. 오후가 되고 저녁이 되어도 꽉 막혀 진전이 없었다. 혹시 취재가 부족한 것일까. 마감까지는 아직 하루 여유가 있었다. 쓰지도 못한 채 쓸데없이 시간을 허비하느니 충분히 추가 취재를 하면 어떨까. 그가 사는 곳이 도쿄는 아니지만 갈 수 없는 거리는 아니었다. 오후 8시 특급열차를 타면 오늘 밤 취재하고 내일 아침 돌아올 수 있다.

시계를 보니 오후 6시 반이었다. 지금 시간이면 충분히 기차를 탈 수 있겠지. 그런데 공교롭게도 그날 밤 지인과 저녁 7시에 식사 약속이 있다. 장소는 시부야구 에비스역 부근의 중국식 해산물 요리 전문점이었다. 나는 서둘러 결정해야 했다. 지금 곧 신주쿠역으로 출발해 '아즈사 33호' 를 타고 가 추가 취재한 뒤 원고를 쓸지, 약속대로 에비스에서 지인과 식사하고 현재 수중에 있는 자료만으로 써나갈지…. 하지만 나는 그 어느 쪽 길도 선택하지 않았다. 작업실에서 나와 곧장 택시를 타고 에비스까지 가 약속한 식당에 뛰어들었다. 지인에게 사정을 설명하고 양해를 구했다. 쫓기듯 간단하게 맥주를 마신 뒤 먹기로 했던 요리에 대한 미련을 남기고 역으로 달렸다. 에비스역의 녹색 창구에서 좌석표를 사고 야마노테선으로 신주쿠까지 간 뒤 주오선 플랫폼에서 팔다 남은 에키벤을 구매해 선로에 들어온 열차에 올라탔다.

목적지는 야마나시현 고부치사와였다. 거기에 '별과 무지개'라는 병원을 운영하는 치과의사가 있었다. 그는 치과대학을 졸업하자, 잠시 도쿄 시민건강국에 근무했는데, 13년 전에 고부치사와로 이주해 개업했다. 그의 진료 방침은 간결했다. 첫째, 건강보험 범위 안에서 진료한다. 둘째, 어린이가 오기 편한 분위기를 조성하고 진료에 유의한다. 병원에 '별과 무지개' 같은 이름을 붙인 것도 한 가지는 이런 이유 때문이었다.

처음에는 오두막과 다름없는 진료소였지만 9년 차에 겨우 새로운 병원을 개업했다. 산의 경사면에 지어진 그 병원은 남쪽이 전면 유리로 되어 있어 남알프스를 한눈에 바라볼 수 있었다. 이것도 치료받으러 온 사람의 기분을 조금이나마 누그러뜨리고자 한 것이다. 하지만 그가 고부치사와로 이주한 목적은 지방에서의 치과의사 일에 사명감이 있었다기보다, 자신의 머릿속에 또렷이 그려져 있는 몇 장의 '그림'을 실현하고 싶었기 때문이었다.

'그림'에는 어느 것이나, 머지않아 이루게 될 가족이 자연과 가까운 곳에서 함께 일하거나 노는 모습이 그려져 있었다. 그가 치과의사라는 직업을 고른 데는 그러한 '그림'을 구현하는 데 적합하다고 판단한 점도 작용했다. 그것은 또 홋카이도 레분섬에서 치과의사를 했던 부친과 그의 형제들이 보낸 어린 시절의 생활, 기억 속의 '그림'과 아주 비슷했다. 예를 들면 그러한 '그림' 중 하나가 아이를 업고 산 위에서 스키를 타고 내려오는 것이었다.

3년 전 결혼해 딸이 태어나자, 그는 바로 실행에 옮겼다. 딱 한 번 넘어졌지만, 등에 업힌 딸은 잠에 푹 빠져 울지도 않았다. 그는 이 일을 인생에서 맛본 가장 달콤한 체험 중 하나로 기억했다. 그의 인생은 명쾌했다. 행복은 머릿속에 그린 '그림'을 실현하는 데 있었다. 그 그림을 하나씩 그려갈 수 있다고 느끼는 이상, 그의 행복을 의심할 여지는 없었다. 그래서 나는 '그네들이 사는 법'에 그에 관한 이야기를 쓰려고 마음먹었다. '산다'와 '행복하다'는 것 사이에 지극히 단순하고도 명쾌한 인과관계가 있는 것처럼 보였기 때문이다. 하지만 막상 쓰기 시작하니 의외로 어려움에 부딪혔다. 그것은 어딘가 중요한 무언가를 놓치고 있는 것은 아닌가라는 생각이 들었기 때문이다. 중요한 무언가. 요컨대 그가 정말로 그와 같은 인생에 만족하고 있는지와 같은…. 그래서 나는 '진실'을 찾기 위해 지인과의 만찬을 애피타이저로 나온 작은 새우 두 마리로 때우고, '아즈사 33호'에 오르게 된 것이다.

열차 창밖으로 띄엄띄엄 민가 불빛이 보였다.

문득, 나는 20년이나 이렇게 지내왔구나, 라는 생각이 들었다. 이 같은 여행을 언제나 쭉 계속해왔구나, 라고. 그것은 글을 써서 입에 풀칠한 이래, 빈번하게 되풀이하는 취재여행 그 자체에 대한 감회와는 달랐다. 내 취재여행 중 많은 부분이 '부족한 것'을 찾는 과정이었다는 사실을 새삼 느끼게 되었다.

내가 끊임없이 취재여행을 하는 사이, 어느새인가 채워진 것, 빠지지 않은 것을 그대로 순수하게 받아들이지 못하게 되었는지도 모른다. 그래서 그에게 '진실'을 물으려고 이렇게 야간열차를 타고 있다.

하지만, 이 세상에 완벽한 게 있다고 해서 왜 나쁠까…. 그때 나는 그에게 물어볼 게 아무것도 없다는 사실을 깨달았다.

# 자운영밭에 두고 온 것

평일 오후 회사 밖에서 사람을 만나고 돌아오다 그는 문득 긴자에 나가보고 싶었다. 4초메*에 있는 백화점에서 흥미 있는 행사가 열리고 있다는 게 떠올랐기 때문이다.

백화점에 도착해 행사장으로 가니, '등 번호 3'이 활약한 여러 순간을 포착해 찍은 사진이 행사장에 전시되어 있었다. 관람 순서대로 한 장 한 장 전시된 사진을 감상해가니, 출구 가까운 곳에서 영상이 흘러나오고 네다섯 명의 관람객이 화면을 쳐다보고 있었다. 사진만으로는 왠지 성에 안 차, 그도 그 무리에 끼어 끝없이 흘러나오는 듯한 화면을 바라보았다.

화면에는 '등 번호 3'이 도쿄 6대학** 야구 리그에서 홈

---

*　시정촌 안에 있는 작은 행정구역.

**　도쿄에 있는 도쿄대학, 와세다대학 등 6개 대학.

런 신기록을 세우는 장면, 프로야구에 입단해 센트럴 리그를 대표하는 좌완 투수에게 어이없이 당하는 장면, 천황이 관전하는 경기에서 끝내기 홈런을 치는 장면 등이 연이어 나오고 있었다. 화면은 곧 선수 은퇴식 장면으로, 감독 취임 시 인사하는 장면으로, 리그에서 우승한 순간의 장면으로 바뀌었다. 그가 감독에서 해임되는 장면은 역시나 나오지 않겠지, 라고 생각하며 화면을 보고 있는데, 등 뒤에서 이상한 소리가 났다.

"흑, 흑, 흑."

어느새 모니터 주변에는 많은 사람이 몰려와 벽을 치고 있었지만, 그는 살며시 몸을 틀어 소리 나는 쪽으로 살짝 얼굴을 돌렸다. 그러자 비스듬히 뒤쪽에서 양복을 입은 중년 남성이 울고 있는 모습이 보였다.

"흑, 흑, 흑."

그것은 중년 남성의 억지로 참는 듯한 울음소리였다. 놀랍게도 우는 사람은 그 남성뿐이 아니었다. 자신의 바로 뒤에도 양복 차림의 중년 남성이 울고 있었다. 소리는 내지 않았지만, 흘러나오는 눈물을 손등으로 닦고 있었다. 그는 가슴이 찡했다. 어디로 보나 자신보다 대여섯 살은 연상인 이른바 '단카이 세대'*에 속하는 사람 같았다. 옛말로 하면 불혹을 넘겼을 그들이 '등 번호 3'이 활약한, 기억도 생생한 명장면을 보며 사람들이 보는 것도 개의치 않고 눈물을 흘리는 것이다. 그것이 묘하게 애잔하게 느껴졌다.

어느새 앞에는 초등학교 고학년인 듯한 남자아이들이 바닥에 주저앉아 화면을 보고 있었다. 이 아이들의 눈에는 '등 번호 3'이 어떻게 비칠까. 그렇게 생각한 순간, 가슴에 작은 아픔이 스쳐 지나갔다.


그가 자란 기후현의 읍내에는 집 근처에 야구할 곳이 많았다. 하지만 자운영밭에서 미끄러지면 산 지 얼마 안 된 새 신발과 바지가 녹색으로 물들었다. 아직 빨래판을 사용했던 어머니는 때가 잘 안 빠진다고 푸념하면서 여러 번 박박 문질렀다. 자운영밭에서 야구할 때, 그는 7번 타자에 2루수였다. 하지만 설사 7번 타자 2루수 어린이라도 꿈은 4번 타자 3루수에 '등 번호 3'이었다. 중학교, 고등학교를 거치면서 야구와는 다른 구기를 선택하게 되었지만 역시 '등 번호 3'의 팬이었다.


그의 아들도 초등학생이 되자 어린이 야구팀에 들어갔다. 야구에 소질 없는 아버지의 피를 물려받았는지, 아들

---

* 1947년부터 1949년에 태어난 세대로 제1차 베이비 붐 세대로 불린다.

자운영밭에 두고 온 것

261

도 또 7번 타자에 2루수였다. 어린이 야구선수는 초등학교를 졸업하면 선수를 그만두게 되어 있다. 아들이 들어간 팀은 매년 그 시기에 기념 시합을 하는데 떠나는 6학년생과 남아 있는 5학년생 이하가 겨룬다. 올해는 아들이 속한 6학년생이 부족해 학부모까지 동원되었다. 그는 아들과 함께 오래간만에 야구를 했다. 하지만 그가 오랜만에 한 것은 특별히 야구만이 아니었다. 아들을 만난 것 자체가 오랜만의 일이었다.

그의 부모는 그다지 사이가 좋지 않았다. 만류하는 어머니를 밀치고 어딘가로 외출하는 아버지의 모습이 어린 마음에 볼썽사납게 보였다. 자신만은 결혼하면 부부 사이가 좋은 가정을 만들겠다고 다짐했다. 그런데 현재 자신은 결과적으로 아내와 자식을 버리고 다른 여성과 살아가는 처지다.

그는 전에 미국에서 재미있는 구절이 인쇄된 그림엽서를 본 적이 있다.

"1960년대 한 부모는 평균 2.5명의 자녀를 두었다. 지금은 한 아이당 평균 2.5명의 부모를 두게 된다."

그는 이 글을 보고 웃었는데, 설마 자신이 아이에게 여

분의 0.5명 부모를 가지게 할 수도 있다는 것은 생각지도
못했다. 자신이 부모에게 '2.5명의 아이' 중 한 명이었던
시절의 자운영밭 야구에서는, 타구가 멀리 뻗어 날아가면
풀숲으로 사라진 공을 찾느라 큰 소동을 벌였다. 그래서
게임 때는 각자의 공을 차례대로 사용하기로 규칙을 정했
다. 자신의 공은 누구보다도 열심히 뒤졌지만 그래도 찾지
못할 때가 많았다. 그 자운영밭에서 도대체 몇 개의 공을
잃어버린 것일까. 하지만 아마, 자운영밭에서 잃어버린 것
은 공만이 아니었다….

전시장의 화면은 다시 같은 장면을 반복해서 비추기 시
작했지만, 억지로 참는 듯한 울음소리는 아직도 들려왔다.
울음소리를 들으면서 그는 생각했다. 자운영밭의 선수가
그대로 프로야구에 입단한 것 같은 '등 번호 3'을 보고 있
으면, 다른 사람은 자신이 자운영밭에서 잃어버린 것을 떠
올릴 수밖에 없을지 모른다고.

# 침대 위의 성인

겨울날 황혼 무렵 나는 도쿄 히로오에 있는 병원을 방문했다. 접수창구에서 입원 환자 면회 신청서를 쓰고 엘리베이터로 7층까지 올라가 서쪽 끝에 있는 병실로 향했다. 작은 1인실 문이 열려 있었다. 침대에 누워 천장을 쳐다보는 그의 옆얼굴이 보였다. 몇 년 만에 본 그는, 날카로운 얼굴은 그대로였지만 전체적으로 다소 작아지고, 머리에도 흰색이 늘어났다. 입구에 서서 문을 가볍게 두드리자, 그가 이쪽으로 눈을 돌렸다. 순간 누구지 하고 의아스러운 듯한 눈빛을 했지만, 나라는 사실을 알자 굳은 표정을 풀었다.

"어이."

그가 큰 소리로 불렀다.

"어떻게 지내세요."

나는 침대로 다가가면서 안부 인사를 했다.

"이제 거의 다 왔어."

"예?"

바로 의미를 알지 못해 얼뜬 소리로 말했다.

"이제 거의 다 왔어."

다시 한번 반복하자 겨우 그의 말을 이해할 수 있었다. 하지만 나는 모르는 척하며 물었다.

"무슨 말이세요."

"저세상에 가는 거."

목소리가 아주 건조해 마치 2, 3박 여행 예정 계획을 보고하는 듯한 말투였다. 그래서 나도 안심하고 장단을 맞추었다.

"이제 얼마 안 남았습니까?"

"뭐, 그렇지."

그렇게 말하고 그는 쾌활하게 소리 내어 웃었다.

"건강해 보이시는데요."

내가 진지하게 말하자, 그도 마찬가지로 진지한 말투로 대답했다.

"아니야, 이제 얼마 안 남았어."

그에게 위로의 말이 필요 없다는 사실은 알고 있었지만, 그렇습니까라며 고개를 끄덕일 수도 없어 잠자코 있었다. 그러자 그가 중얼거리듯이 말했다.

"그런데 건강한 녀석들이 하나씩 먼저 가니…."

침대 위의 성인

“이상하세요?”

“이상하지는 않지만 병원 원장이며 회사 사장이며 바쁘게 살았던 친구들이 죽고, 30년 이상이나 침대에 누운 채 지낸 인간이 살아남아 있다는 것이 이상하기는 해.”

그는 50세 때 여행지 료칸 2층에서 실수로 떨어져 척추가 부러졌다. 상반신도 튼튼하고 두뇌도 명석했지만, 사고 후 하반신을 전혀 쓰지 못해 31년이나 병원 침대에서 보내야 했다.

“보통은 말이야, 그전까지 팔팔했던 사람이 이 꼴이 되면 대개 마음도 약해져 일찍 죽는 것 같아.”

“더 좋아지지 않는다는 사실은 진작 알았습니까?”

“그렇지. 의사는 여러 가지 말했지만, 이제 안 된다는 것은 나도 알고 있었어.”

“그것을 잘….”

내가 말을 시작하자, 그는 웃으면서 말을 이어받았다.

“나는 소심한 사람이야. 그래서 허세를 부리는 거야. 누가 문병하러 와도 밝은 모습으로 행동하고. 그렇게 하니, 어느새 몸에 익었어.”

어쩌면 그것을 강인하다고 하는 것인지도 몰라요. 내가 말하자, 아니라며 웃었다.

“통증은 이제 없나요?”

"통증을 지금 자네가 체험하면, 아마도 참을 수 없을 거야. 분명 비명을 지를걸."

"지금도 아직 아픈가요?"

"척수 손상 환자 특유의 환각 같은 것이지만 눈을 뜨고 있으면 아파."

요즘은 어떻게 하루를 보내세요, 라고 내가 물었다.

"아침 5시 반에서 6시경 일어나. 창문 커튼을 열어둔 채 자니까, 하늘이 밝아오는 모습을 보거나 텔레비전을 틀어놓고 있으면 간호사가 한 바퀴 돌아. 얼마 후 신문이 배달되면 제목을 대충 훑어보지. 아침을 먹고 나면 의사가 회진을 돌 때도 있지만 대개 책을 읽어. 오후에는 다리근육이 굳어지지 않도록 마사지를 받거나 문병하러 온 사람이 있으면 그 사람과 이야기하다가 저녁을 맞게 돼. 식사하고 나서는 다시 책을 읽거나 생각하다 잠들어…."

"생각이라고 하면?"

"음, 요즘은 일본의 새로운 국가国歌를 생각하는 일이 많아. 기미가요를 대신할 국가를 만들 수 없을까 해서."

"뜻밖이네요."

"온천이나 하는 할아버지가 아무리 떠들어도 영향력이 없다는 사실은 알고 있지만, 기미가요는 역시 좋지 않은 것 같아. 제2차 세계대전 후 기미가요는 아니라는 관점에서 출발해야 했어.”

그의 사상은 ‘우’도 아니고 ‘좌’도 아니다. 그에게 있는 것은 다이쇼 말기에서 쇼와 초기에 걸쳐 청춘 시절을 보낸 지식층 특유의 리버럴리즘이다. 그 리버럴리즘이 구제 세 이조고등학교에 다닐 때 같은 반이었던 야마구치 오토야 의 아버지를 숨겨주게 한 것이다.

그렇다, 나카무라 다다스케 씨는 『NO라고 할 수 있는 일본』을 영어로 번역한 ‘갤럭시’ 대표의 부친이다. 그는 야 마구치 오토야의 행위를 용인하지 않았지만 천황제에 관 해서는 오히려 부정적으로 생각했다. 하지만 그 부모를 향 한 세간의 폭력적인 압력에는 단호히 반대하여 사건의 소 용돌이 속에 있는 야마구치 오토야의 부친에게 전화를 걸 었다. “할 수 있는 것이 있다면 말해달라”라고. 그런데 그 일은 나카무라 씨가 척추뼈가 부러지고 얼마 되지 않았을 때였다. 보통 사람이라면 그저 자신의 불운만을 원망하며 보낼지도 모르는 시기였다.

“절망하지 않았어요?”

내가 물으니, 그는 도쿄 말로 또박또박 말했다.

“하도 아파서 절망 같은 거 할 틈이 없었어.”

*

나카무라 다다스케 씨의 병실을 오랜만에 방문한 것은
내가 그의 아들에 관해 쓴 글을 전달하기 위해서였다. 가
방에서 꺼내자, 이미 읽었다고 말하고 그 녀석도 참 이상
한 짓을 하고 있다며 웃었다. 하지만 그 말투에는 깊은 애
정이 담겨 있었다.

"아들 중 하나쯤은 그렇게 제멋대로 살아도 재미있지 않
아요?"

내가 익살스럽게 말하자, 그도 웃으며 동의하고 이렇게
덧붙였다.

"제멋대로라고 하면 그 녀석보다 내 쪽이 훨씬 제멋대로
살았지."

그렇게 말하고 좀처럼 이야기하지 않던 자신의 옛이야
기를 털어놓기 시작했다.

"고등학교를 졸업하자 가출해 2년 정도 방랑한 적이 있
어."

문자 그대로 북쪽 홋카이도에서 남쪽 규슈까지 일본 전
역을 떠돌아다녔다고 한다. 가고시마에서는 배를 타고 오
키나와에도 건너갔다. 그가 다녔던 구제 세이조고등학교
에는 도쿄 출신이 많고, 출세를 위해 대학에 진학하는 것

을 경멸하는 듯한 풍조가 있었다고 한다. 같은 반의 오오카 쇼헤이*는 학교는 뒷전인 채 프랑스어를 공부했고, 후루야 쓰나타케**는 결국 대학에 가지 않았다.

그런데 나카무라 다다스케 씨가 일본 전역을 방랑한 이유는 '청년의 객기'에서 다양한 것을 보고, 생명의 본질이란 무엇인지 마음속으로 납득할 수 있는 답을 얻고 싶었기 때문이다.

"그래서 답은 얻었습니까?"

"그게 말이야, 거지 두목에게 밥을 얻어먹기도 하고, 사는 데 급급했어."

방랑 끝에 집에 돌아오자, 세이조고등학교 교장인 오바라 구니요시가 불러 부모님께 조금이나마 효도하라고 설득했다. 대학에 가서 사각모를 쓰라고 했다. 그는 생각을 바꿔 대학에 갔다. 오바라 교장이 도쿄대학은 가지 말라고 해 교토대학 경제학부를 선택했다. 곧 전쟁이 나 중국에 출정하고 돌아와서는 부친의 온천 료칸이 있던 도요코선 쓰나시마역 부근에서 온천 휴양 시설의 선구라고 할 수 있는 당일치기 온천을 시작했다. 그뒤 몇 개 회사의 설립에 관여

---

*     소설가·평론가.

**    문예평론가.

해 임원을 겸하고, 정말 왕성하게 활동하던 시기에 사고를
당한 것이다….

문득 침대 옆 테이블에 눈길을 돌리니,『호킹의 최신 우
주론ホーキングの最新宇宙論』이 놓여 있는 것이 보였다.

"호킹이네요."

"읽고 싶어서. 오늘 도착했어."

"왜 읽고 싶으세요?"

"왠지 호킹이 말하는 게 젊을 때부터 쭉 품었던 생각과
비슷한 것 같아서."

"생명에 관해서요?"

"응, 생명의 본질에 관해서."

책 속에 쓰여 있는 내용이 어떻게 그의 생명론에 연결되
는지 알지 못했지만, 나이 여든을 넘어서도 호기심이 흘러
넘치는 듯한 그에게 다시 한번 강한 외경심을 느꼈다. 특
별히 어떤 도를 깨달았다고 하는 것은 아니지만, 그도 또
한 일종의 성인이 아닐까. 침대 위의 성인…. 나는 그 성인
에게 무례를 무릅쓰고 트집을 잡듯이 질문을 던졌다.

"후회는 없으세요?"

"내 인생에?"

"예."

"별로 없어."

물론 그러한 대답이 되돌아올 거라고 짐작은 했었다. 하지만 나는 더 물고 늘어졌다.

"운이 나빴다고 생각하진 않으세요."

"딱히, 뭐, 이런 거야…."


대화에 열중하다보니 세 시간이나 넘게 지났다. 피로하게 한 것 아닐까. 이제 슬슬 돌아가는 게 좋겠다. 자리에서 일어나려 하자 그가 말했다.

"자네에게 부탁이 있는데."

무엇이든지, 라고 나는 대답했다.

"나에게 필요한 건 책과 사람이야. 책은 가져다주고 있고, 문병도 다른 사람에 비하면 나은 편인데, 아쉽게도 하나 부족한 게 있어."

"뭔데요?"

"여자야."

"여자 말입니까?"

"전에는 휠체어를 타고 여자랑 프랑스 식당 같은 데 가기도 했는데, 요즈음은 그것도 할 수 없게 되었어. 그래서 여자와 대화하고 싶어."

"대화뿐입니까?"

"당연하지. 그러니까 활기차고 재미있게 이야기하는 여

자가 좋아. 문병하러 온 늙은이들이 부러워할 만한 여자가
좋아."

"어려운 주문이네요⋯."

"어떻게든 해줘."

여든이 벌써 지났는데도 지금 부족한 게 여자라는 그에
게, 무심코 웃음을 지었다. '침대 위의 성인'처럼 되지 않
고, 죽을 때까지 '침대 위의 속인'으로 있어줄 것 같아 기
뻤다.

"알겠습니다. 노력해볼게요."

"부탁해."

그럼, 다음에 뵐게요. 나는 인사하고 일어나 병실을 나
왔다. 뒤돌아보고 다시 한번 가볍게 인사하자, 나를 지켜
보고 있던 그가 말했다.

"고마워. 이런 날에⋯."

이런 날에⋯. 정말 그날은 그가 '이런 날에'라고 부르기
에 딱 맞는 날이었다. 앞으로 다섯 시간 정도 지나면 새로
운 해로 바뀌는 마지막 날이었기 때문이다. 그리고 새해
는 그가 침대 위에서 생활한 지 32년째가 되는 해이기도
했다.

엘리베이터로 내려가는데, 중간에 젊은 간호사가 탔다.
야근 간식거리로 하려는 것일까. 손에 여러 과자가 든 비

닐봉지를 들고 있었다. 문이 닫히고 엘리베이터가 움직이기 시작했을 때, 그녀 나이가 30세가 되려면 한참 멀었겠다고 생각하다 흠칫했다. 나카무라 다다스케 씨가 사고를 당했을 때 그녀는 태어나지도 않았다. 거기까지 생각이 미치자, 그가 침대에서 보낸 시간이 갑자기 눈앞에 물리적으로 보이는 것 같아, 나는 순간 망연자실했다….

# 후기

하나의 일이 시작되고 이윽고 끝난다. 하지만 나는 착수하기 전에 내가 하고자 하는 일 전체를 완전히 파악하고 시작하는 경우가 거의 없다. 작업을 진행하면서 혹은 작업을 마쳤을 때, 비로소 내가 하려고 했던 일의 윤곽이 희미하게 보인다. '그네들이 사는 법'에서도 이러한 사정은 조금도 다르지 않았다. 『아사히신문』 지면에 연재를 시작하면서, 이 난을 일본 신문에서는 좀처럼 본 적이 없는 칼럼다운 칼럼을 시도하는 장으로 해보고 싶은 것이 나의 꿈이었다. 그때 내가 남몰래 정의했던 칼럼다운 칼럼은 '발광체는 외부에 있고 작가는 그 빛을 감지하는 데 불과하다'는 점을 강하게 의식하고 쓴 글이었다. 그런 의미에서 무의식 속 자신이 발광체라고 간주하는 듯한, 이른바 신변잡기식 칼럼과는 본질적으로 다른 스타일을 지향하게 되었다. 제목을 '그네들이 사는 법'이라고 한 이유도 여기서 그리려고 하는 것은 '내가' 사는 법이 아니라 '그네들이' 사는 법이라는 점을 분명히 하고 싶었기 때문이기도 했다.

하지만 '그네들이 사는 법'이라는 제목은, 내가 처음에 생각했던 것 이상의 의미를 지니게 되었다. 취재를 거듭하면서 나 자신도 예상하지 못했을 정도로, 발광체인 그들이 나를 끌어당겼기 때문이다. 현대를 살아가는 그들의 조용한 '삶' 속에는 그들 자신도 깨닫지 못하는 불가사의한 의미를 지닌 시간이 존재했다. 그것이 아무리 짧고 한순간이라 하더라도, 그들의 '생' 전체를 선명하게 비추는 경우가 적지 않았다. 나는 어느새 '그네들이 사는 법'이라는 그릇 안에 신비한 빛을 발하는 그들의 '시간'을 담는 데 열정을 불태웠다.

그리고 1년에 걸친 연재가 끝나고, 단행본을 내기 위한 손질도 마치고, 교정쇄로 나온 '그네들이 사는 법'을 새삼스럽게 다시 읽고, 나는 다소 놀랐다. 그것은 이 33편이 칼럼도 아니고, 에세이도 아니고, 논픽션 작품도 아닌 다른 글이 되었기 때문이다. 그렇다고 해서 물론 허구인 소설이 되었다는 의미는 아니다. 하지만 결과적으로 기묘하게, 동시에 그런 모든 분위기가 감도는 글이 되기도 했다. 적어도 나는 과거에 이런 스타일의 문장을 쓴 적이 없다. 칼럼다운 칼럼을, 하며 매달려왔던 이 일이 어느새 나에게 완전히 새로운 스타일의 문장을 쓰게 해주었다.

이에 대해, 우선 시작부터 끝날 때까지 철저히 확인해준 아사히신문사 문화부의 쓰즈키 가즈토 씨에게 감사드린다. 쓰즈키 씨는 항상 일정한 거리를 유지해, 내가 편하게 일할 수 있도록 해주었다. 그리고 이 칼럼을 한 권의 책으로 만들기 위해 최선을 다해준 도서편집실의 나카시마 야스시 씨에게도 고마움을 전하고 싶다.

이제 한발 다른 지점으로 내디딘 것 같다. 이것이 나아갈 방향의 앞인지, 옆인지, 뒤인지 지금 시점에서는 아직 확실하지 않지만.

1991년 10월 20일
사와키 고타로

# 그네들이 사는 법
## 평범한 사람들은 평범하지 않게 산다

초판 인쇄 2026년 3월 26일
초판 발행 2026년 4월 3일

지은이 사와키 고타로
옮긴이 김태광

펴낸이 강성민 이은혜
책임편집 김지우 강성민
편집 양나래 심예진 최유진
관리 편집보조 김유나
마케팅 정민호 한민아 이민경 한경화 박진희 황승현 김경언 양지연
브랜딩 함유지 이송이 박민재 김하연 신은서 이준희 조다현

펴낸곳 (주)글항아리 | 출판등록 2009년 1월 19일 제406-2009-000002호
주소 경기도 파주시 문발로 214-12, 4층
전자우편 bookpot@hanmail.net
전화번호 031-955-2690(마케팅) 031-941-5161(편집부)
팩스 031-941-5163

ISBN 979-11-6909-513-6 03830

잘못된 책은 구입하신 서점에서 교환해드립니다.
기타 교환 문의 031-955-2661, 3580

www.geulhangari.com